Impressum
Verlag: BABADADA GmbH, Nedderfeld 112 , 22529 Hamburg
Geschäftsführer / Verlagsleitung: Harald Hof
Druck: Books on Demand GmbH, In de Tarpen 42, 22848 Norderstedt

Imprint
Publisher: BABADADA GmbH, Nedderfeld 112 , 22529 Hamburg, Germany
Managing Director / Publishing direction: Harald Hof
Print: Books on Demand GmbH, In de Tarpen 42, 22848 Norderstedt, Germany

# សាលារៀន
## mokykla

បន្ទប់រៀន
klasė

ចែក
dalinti

186/2

គ្តារ
lenta

ទីធ្លាសាលារៀន
mokyklos kiemas

គ្រូបង្រៀន
mokytojas

ក្រដាស
popierius

សរសេរ
rašyti

បិក
rašiklis

តុការិយាល័យ
rašomasis stalas

បន្ទាត់
liniuotė

សៀវភៅ
knyga

កូនសិស្ស
mokinys

សម្ភារៀតសុបកៃ

kuprinė

ប្រអប់ដាក់ខ្មៅដៃ

penalas

ខ្មៅដៃ

pieštukas

ប្រដាប់ខ្លងខ្មៅដៃ

drožtukas

ជ័រលុប

trintukas

ផ្ទាំងគំនូរ

piešimo bloknotas

គំនូរ

piešinys

ជក់ត្បូរ

teptukas

ប្រអប់ថ្នាំលាប

dažų dėžutė

កន្ត្រៃ

žirklės

ការបិទ

klijai

សៀវភៅលំហាត់

vadovėlis

កិច្ចការផ្ទះ

namų darbai

លេខ

numeris

បូក

pridėti

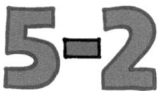

ដក

atimti

គុណ

dauginti

គណនា

skaičiuoti

លិខិត

raidė

អក្ខរក្រម

abėcėlė

ពាក្យ

žodis

អត្ថបទ
tekstas

អាន
skaityti

ដីស
kreida

មេរៀន
pamoka

ចុះឈ្មោះ
dienynas

ការប្រលង
egzaminas

វិញ្ញាបនបត្រ
pažymėjimas

ឯកសណ្ឋានសាលា
mokyklinė uniforma

ការអប់រំ
išsilavinimas

សព្វវចនាធិប្បាយ
enciklopedija

សាកលវិទ្យាល័យ
universitetas

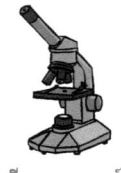

មីក្រូទស្សន៍
mikroskopas

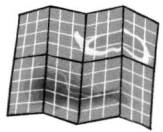

ផែនទី
žemėlapis

កន្ត្រករដាក់សំរាមក្រដាស
šiukšliadėžė

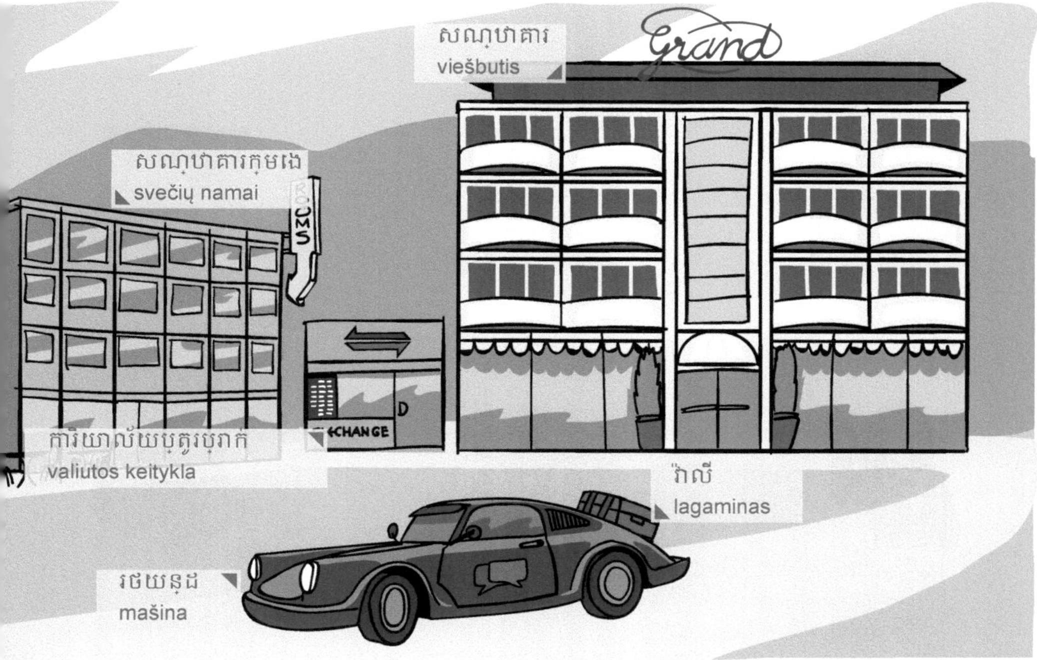

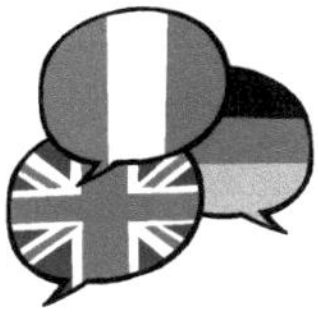

សណ្ឋាគារ
viešbutis
Grand
សណ្ឋាគារក្មេង
svečių namai
ROOMS
ការិយាល័យប្តូរប្រាក់
valiutos keitykla
EXCHANGE
វ៉ាលី
lagaminas
រថយន្ត
mašina

ភាសា

kalba

បាទ / ទេ

taip / ne

យល់ព្រម

Gerai

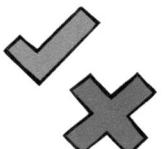

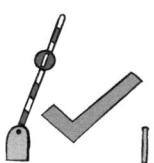

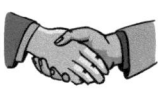

សាយ័ន្តសួស្តី!

sveiki

អ្នកបកប្រែ

vertėjas raštu

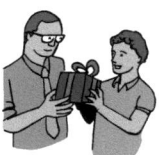

សូមអរគុណ

Ačiū

ចូលប៉ុន្មាន... ?

kiek kainuoja...?

ខ្ញុំមិនយល់

aš nesuprantu

បញ្ហា

problema

ទិវាសួស្តី!

Labas vakaras!

អរុណសួស្តី

Labas rytas!

រាត្រីសួស្តី!

Labos nakties!

លាហើយ

viso gero

ទិសដៅ

kryptis

អីវ៉ាន់

bagažas

កាបូប

krepšys

កាបូបស្ពាយក្រោយ

kuprinė

ភ្ញៀវ

svečias

បន្ទប់

kambarys

ថង់ដេក

miegmaišis

តង់

palapinė

ព័ត៌មានទេសចរណ៍

turizmo informacija

ឆ្នេរ

paplūdimys

កាតឥណទាន

kreditinė kortelė

អាហារពេលព្រឹក

pusryčiai

អាហារថ្ងៃត្រង់

pietūs

អាហារពេលល្ងាច

vakarienė

សំបុត្រ

bilietas

ជណ្ដើរយន្ត

liftas

តុរ

pašto ženklas

ព្រំដែន

siena

គយ

muitinė

ស្ថានទូត

ambasada

ទិដ្ឋាការ

viza

លិខិតឆ្លងដែន

pasas

# ការដឹកជញ្ជូន
## transportas

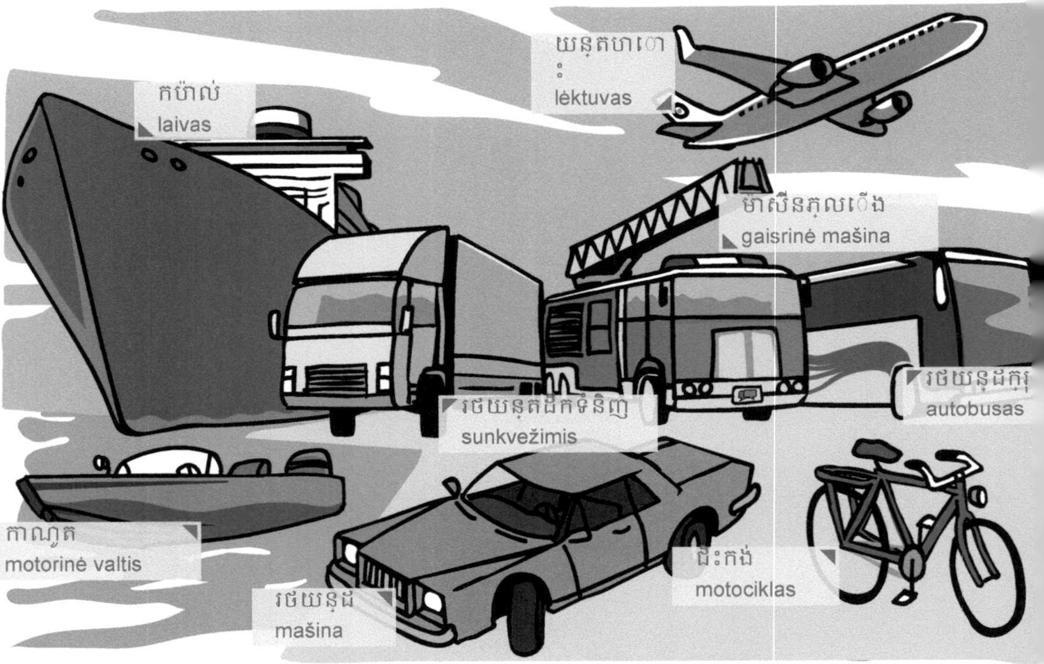

កប៉ាល់
laivas
យន្តហោះ
lėktuvas
ម៉ាស៊ីនភ្លើង
gaisrinė mašina
រថយន្តក្រុ
autobusas
រថយន្តដឹកទំនិញ
sunkvežimis
កាណូត
motorinė valtis
រថយន្ដ
mašina
ជិះកង់
motociklas


សាឡាង
keltas

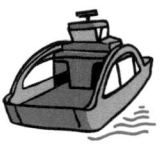

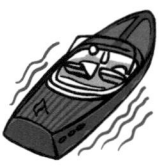

ទូក
valtis

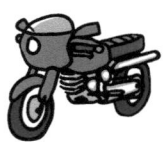

ម៉ូតូ
mopedas

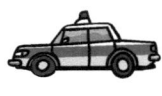

រថយន្តប៉ូលិស
policijos automobilis

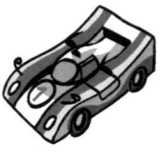

រថយន្តប្រណាំង
lenktyninis automobilis

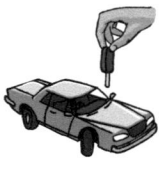

រថយន្តជួល
nuomojamas automobilis

ការចែកវិលែកែរថយន្ត

bendras automobilio
naudojimas

ឡានសុទួច

techninės pagalbos
automobilis

ឡានបូម្រលសំរាម

šiukšliavežė

ម៉ូត្គ

variklis

បុរេងឥនធន:

degalai

ស្ថានីយបុរេង

degalinė

រុលាកសញ្ញាចរាចរណ៍

kelio ženklas

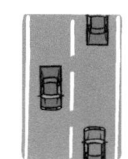

ការធ្វេរើចរាចរណ៍

eismas

កកស្ទៈចរាចរណ៍

eismo spūstis

ចំណត

mašinų stovėjimo aikštelė

ស្ថានីយរថភ្លើង

traukinių stotis

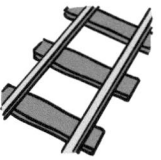

ផ្លូវដែកែ

bėgiai

រថភ្លើង

traukinys

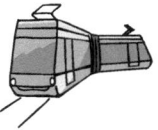

រថអគ្គីសនី

tramvajus

ទូរថភ្លើង

vagonas

ឧទ្ធម្ភាគចក្រ

sraigtasparnis

ព្រលានយន្តហោះ

oro uostas

ប៉ម

bokštas

អ្នកដំណើរ

keleivis

កុងតឺន័រ

konteineris

ករដោសកាតុង

dėžė

រទេះ

vežimėlis

កញ្ចប់

krepšys

ហោះឡ្បេ្ងើ / ចុះ

pakilti / nusileisti

## ទីក្រុង

## miestas

ភូមិ

kaimas

កណ្ដាលទីក្រុង

miesto centras

ផ្ទះ

namas

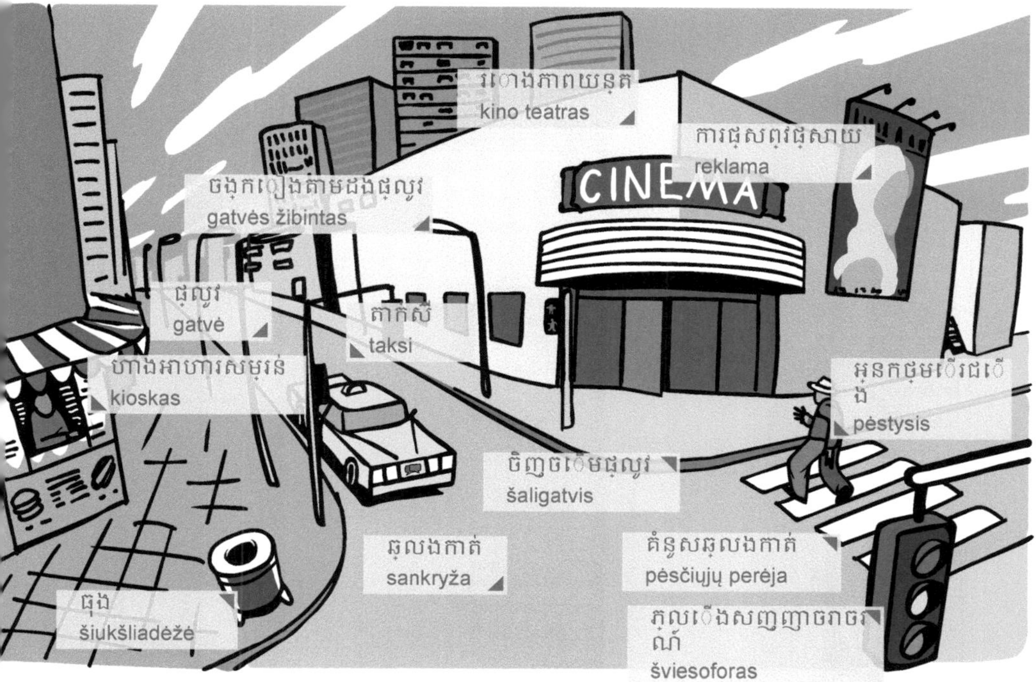

រោងភាពយន្ត
kino teatras
ការផ្សព្វផ្សាយ
reklama
CINEMA
ចង្កៀងតាមដងផ្លូវ
gatvės žibintas
ផ្លូវ
gatvė
តាក់ស៊ី
taksi
ហាងអាហារសម្រន់
kioskas
អ្នកថ្មើរជើង
pėstysis
ចិញ្ចើមផ្លូវ
šaligatvis
ឆ្លងកាត់
sankryža
គំនូសឆ្លងកាត់
pėsčiųjų perėja
ធុង
šiukšliadėžė
ភ្លើងសញ្ញាចរាចរណ៍
šviesoforas

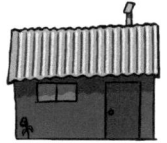

ខ្ទម
trobelė

ផ្ទះល្វែង
butas

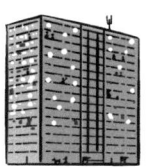

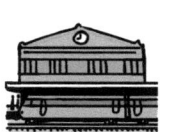

ស្ថានីយរថភ្លើង
traukinių stotis

សាលាក្រុង
rotušė

MUSEUM
សារមន្ទីរ
muziejus

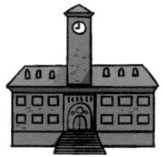

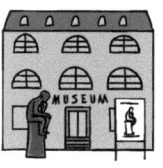

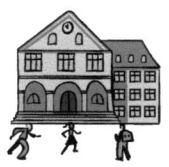

សាលារៀន
mokykla

សាកលវិទ្យាល័យ

universitetas

ធនាគារ

bankas

មន្ទីរពេទ្យ

ligoninė

សណ្ឋាគារ

viešbutis

ឱសថស្ថាន

vaistinė

ការិយាល័យ

biuras

ហាងលក់សៀវភៅ

knygynas

ហាង

parduotuvė

ហាងផ្កា

gėlių parduotuvė

ផ្សារទំនើប

prekybos centras

ទីផ្សារ

turgus

ហាងទំនិញ

universalinė parduotuvė

ហាងលក់ត្រី

žuvies parduotuvė

មជ្ឈមណ្ឌលផ្សារទំនើប

prekybos centras

កំពង់ផែ

uostas

ឧទ្យាន

parkas

បង្គ

suoliukas

ស្ពាន

tiltas

ជណ្ដើរ

laiptai

ផ្លូវក្រោមដី

metro

ផ្លូវរូងក្រោមដី

tunelis

ចំណតរថយន្តដុងក្រុង

autobusų stotelė

បារ

baras

ភោជនីយដ្ឋាន

restoranas

ប្រអប់សំបុត្រ

lauko pašto dėžutė

សញ្ញាតាមដងផ្លូវ

kelio ženklas

ឧបករណ៍ប្រមូលផ្លូលថៃណត

parkomatas

សួនសត្វ

zoologijos sodas

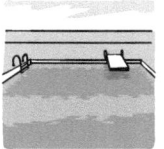

អាងហាលែទឹក

baseinas

វិហារអ៊ីស្លាម

mečetė

កសិដុ្ឋាន
ūkininko ūkis

ការបំពុល
tarša

វាលកប់ខ្មោចពោច
kapinės

ព្រះវិហារ
bažnyčia

គុររៀងអិលកុមរេលង
žaidimų aikštelė

បុរសាទ
šventykla

## ទេសភាព

# kraštovaizdis

សូលឹក
lapas

សញ្ញាប្រាប់ទិសដៅ
kelio rodyklė

ផ្លូវ
kelias

វាលស្មៅ
pieva

ដុំថ្ម
akmuo

អុនកឡុងឯងក្ន
ėjikas

ទន្លេ
upė

ដើមឈើ
medis

ស្មៅ
žolė

ផ្កា
gėlė

ជួរលងភ្នំ
slėnis

កូនភ្នំ
kalva

បឹង
ežeras

ព្រៃឈើ
miškas

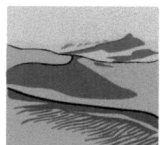

វាលខ្សាច់
dykuma

ភ្នំភ្លើង
ugnikalnis

គ្រឿងកុរប៊ី
pilis

ផ្កាយធ្នូ
vaivorykštė

ផ្សិត
grybas

ដើមត្នោត
palmė

មូស
uodas

រុយ
musė

ស្រមោច
skruzdėlė

សត្វឃ្មុំ
bitė

ពីងពាង
voras

សត្វកញ្ចៅ
vabalas

កង្កែបថ្លែ
varlė

កំប្រុក
voverė

សត្វកាំប្រមា
ežys

ទន្សាយសុលឹក
kiškis

សត្វទីទុយ
pelėda

បក្សី
paukštis

ហង្ស
gulbė

ជ្រូក
šernas

សត្វក្តាន់
elnias

សត្វក្ដាន់
briedis

ទំនប់
užtvanka

កង្ហារខ្យល់
vėjo jėgainė

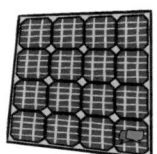

បន្ទះស្វ្យា
saulės baterija

អាកាសធាតុ
klimatas

# ភោជនីយដ្ឋាន
## restoranas

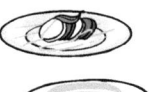

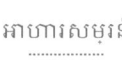

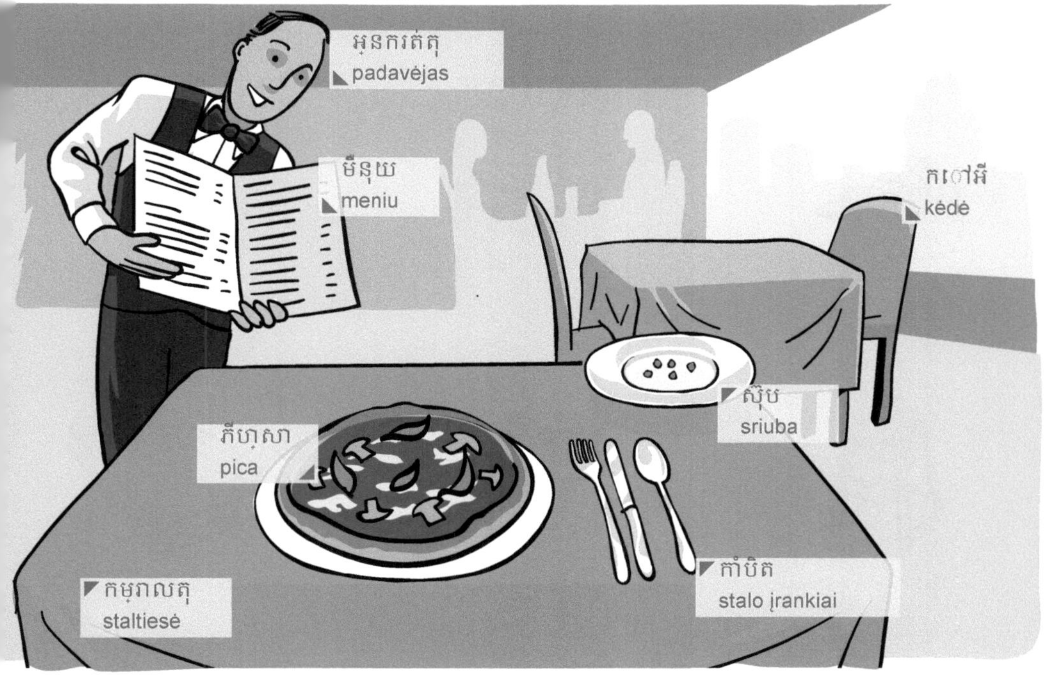

អ្នករត់តុ
padavėjas
មីនុយ
meniu
កៅអី
kėdė
ស៊ុប
sriuba
ភីហ្សា
pica
កាំបិត
stalo įrankiai
កម្រាលតុ
staltiesė


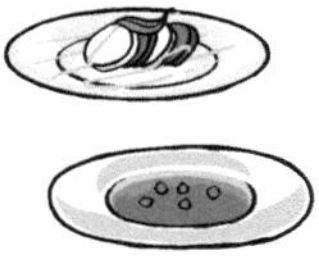

អាហារសម្រន់

užkandis

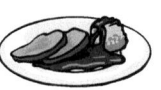

អាហារសំខាន់

pagrindinis patiekalas

បង្អែម

desertas

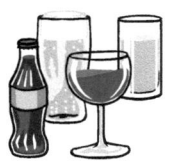

ភេសជ្ជៈ

gėrimai

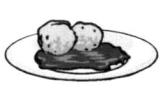

អាហារ

maistas

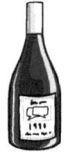

ដប

butelis

អាហារហ័ស

greitai pateikiamas maistas

អាហារតាមផ្លូវ

gatvės maistas

ប៉ាន់តែ

arbatinukas

បុរអប់ស្ករ

cukrinė

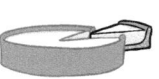

ចំណុកែ

porcija

ម៉ាស៊ីនតុងកាហ្វេអ៊ិចស្ព្រេ

espreso aparatas

កៅអីខ្ពស់

aukšta kėdė

វិក្កយបត្រ

sąskaita

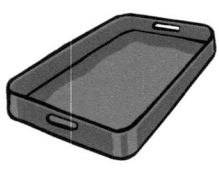

ថាស

padėklas

កាំបិត

peilis

សម

šakutė

ស្លាបព្រា

šaukštas

ស្លាបព្រាកាហ្វេ

arbatinis šaukštelis

កន្សែងជូតខ្លួន

servetėlė

កវ៉ែ

stiklinė

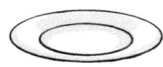

ចានទាប

lėkštė

ចានស៊ុប

sriubos lėkštė

ចានទូរនាប់

padėklas

ទឹកជូរលក់

padažas

ដបអំបិល

druskinė

បុរដោប់កិនមុរេច

pipirų malūnėlis

ទឹកខ្មៈ

actas

បុរេង

aliejus

គុររៀងទសេ

prieskoniai

ទឹកប់ងេប់ោះ

kečupas

ម៉ូតាក

garstyčios

ទឹកមយ៉ាណរ

majonezas

# ផ្សារទំនើប

# prekybos centras

ការផ្តល់ជូនពិសេស
specialus pasiūlymas
អតិថិជន
pirkėjas
FOR
ទឹកដោះគោ
pieno produktai
ផ្លែឈើ
vaisiai
រទេះរុញ
troleibusas


BUTCHERS


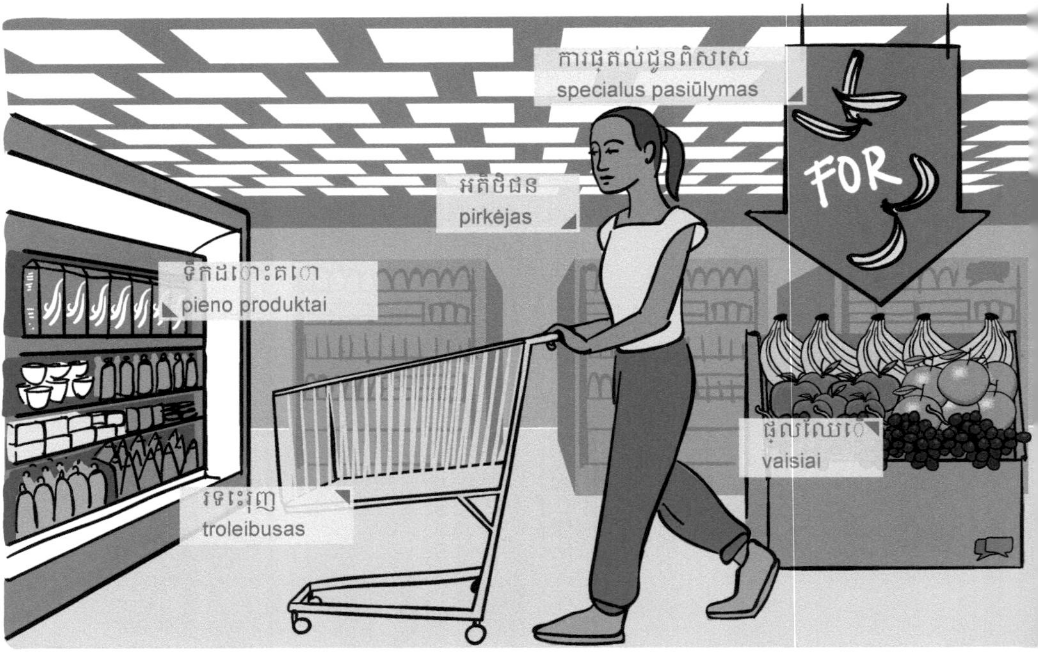

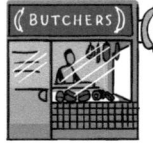

ហាងកាប់ជ្រូក

mėsos parduotuvė

BAKERY


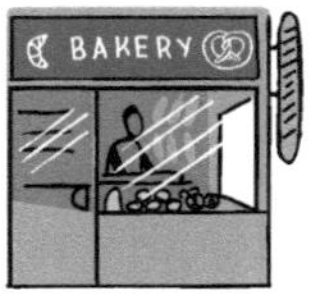

ហាងដុតនំ

kepykla

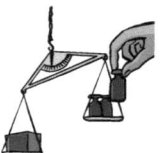

ថ្លឹង

sverti

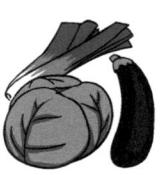

បន្លែ

daržovės

សាច់

mėsa

អាហារក្លាស្សេ

šaldytas maistas

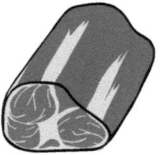

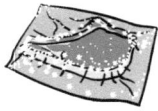

សាច់កុលាស[
salti mėsos užkandžiai

អាហារកំប៉ុង
konservai

មុស[ៅលាង
skalbimo milteliai

សុអរតុរប់
saldumynai

ផលិតផលកុនុងតួរសារ
ūkinės prekės

ផលិតផលសមុអាត
valymo priemonės

អុនកលក់
pardavėja

ថតដាក់លុយ
kasos aparatas

ប[ម្ឡៅ
kasininkas

បញ្ជីទិញទំនិញ
pirkinių sąrašas

ម៉[ោងធុរ[ៅការ
darbo valandos

កាប៉ូបលុយបុរស
piniginė

កាតផណទាន
kreditinė kortelė

ថង់
maišelis

ថង់បុលាសុទិច
plastikinis maišelis

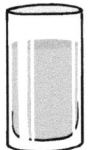

ទឹក

vanduo

ទឹកផ្លែឈើ

sultys

ទឹកដោះគោ

pienas

កូកាកូឡា

kola

ស្រា

vynas

ស្រាបៀរ

alus

គ្រឿងស្រវឹង

alkoholis

កាកាវ

kakava

តែ

arbata

កាហ្វេ

kava

កាហ្វេអ៊ិចស្ព្រេសូ

espresas

កាហ្វេកាពូឈីណូ

kapučinas

ចេក

bananas

ផ្លែប៉ោម

obuolys

ផ្លែក្រូច

apelsinas

ឪឡឹក

arbūzas

ក្រូចឆ្មា

citrina

ការ៉ុត

morka

ខ្ទឹម

česnakas

ឫស្សី

bambukas

ខ្ទឹមបារាំង

svogūnas

ផ្សិត

grybas

គ្រាប់ផ្លែឈើ

riešutai

មី

makaronai

ម៉ាអ៊ីតាលី

spagečiai

ហាយ

ryžiai

សាឡាត់

salotos

ដំឡូងចៀន

traškučiai

ដំឡូងចៀន

keptos bulvės

ភីហ្សា

pica

ប៊ឺហ្គឺ

mėsainis

សាំងវិច

sumuštinis

សាច់ជាប់ឆ្អឹងជំនី

pjausnys

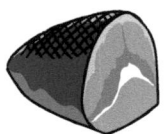

ហាំ

kumpis

សាឡាម៉ី

saliamis

សាច់ក្រក

dešrelė

សាច់មាន់

vištiena

អាំង

kepsnys

ត្រី

žuvis

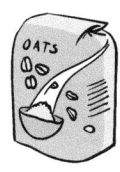

អាវ៉ែនបបរ

avižų dribsniai

មុឃ្លីស្លលី

dribsniai su priedais

ជំឡូងចំណិត

kukurūzų dribsniai

មុសលៅ

miltai

នំគួរស្គង់

prancūziškasis ragelis

នំប៉័ងមួយ៉ាងមូលគូចៗ

bandelė

នំប៉័ង

duona

អាំង

skrebutis

នំប៉័ស្គី

sausainiai

បឺរ

sviestas

ទឹកដោះខាប់

varškė

នំខេក

tortas

ស៊ុត

kiaušinis

ស៊ុតចៀន

kiaušinienė

ឈីស

sūris

កាំរ៉េម

ledai

ស្ករ

cukrus

ទឹកឃ្មុំ

medus

ជំណាប់

uogienė

ក្រម៉ែតាំងម៉ៃ

tepamas šokoladas

ការី

karis

# កសិដ្ឋាន

## ūkininko ūkis

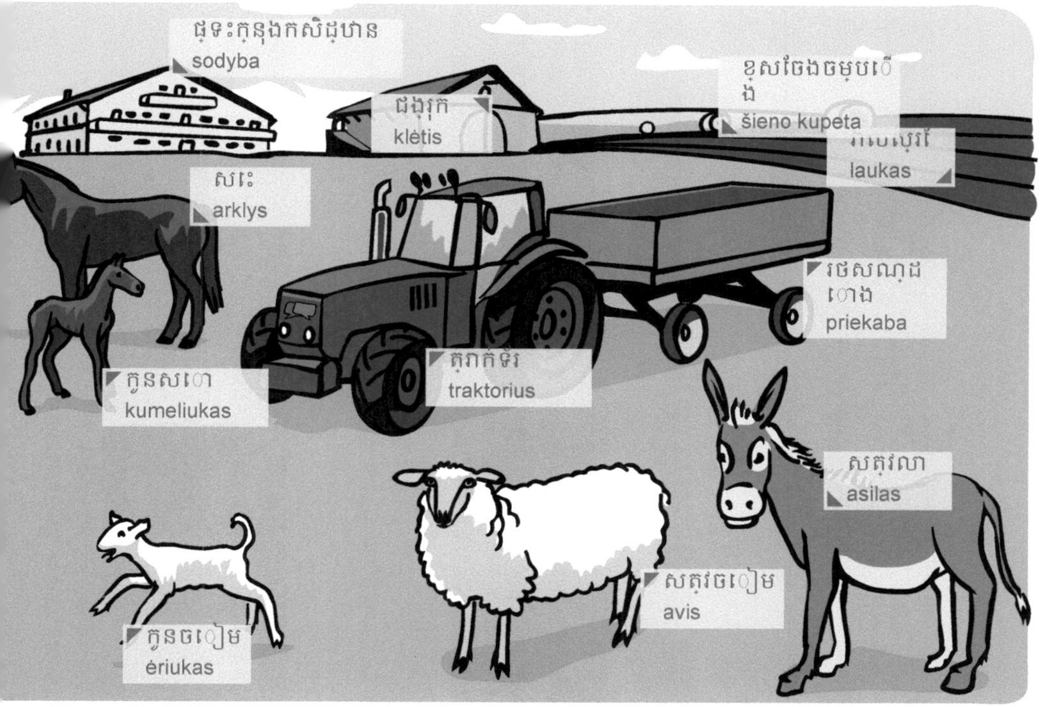
ផ្ទះក្នុងកសិដ្ឋាន
sodyba
ជង្រុក
klėtis
ខ្សែចងចម្បើង
šieno kupeta
laukas
សេះ
arklys
រថសណ្ដោង
priekaba
ត្រាក់ទ័រ
traktorius
កូនសេះ
kumeliukas
សត្វលា
asilas
សត្វចៀម
avis
កូនចៀម
ėriukas

ពពែ

ožys

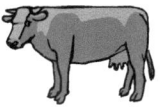

គោញី

karvė

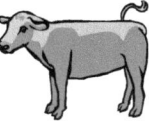

កូនគោ

veršis

ជ្រូក

kiaulė

កូនជ្រូក

paršelis

គោឈ្មោល

bulius

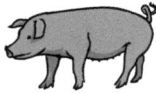

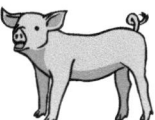

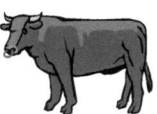

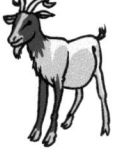

សត្វក្ងាន

žąsis

ទា

antis

ក្ងូនមាន់

viščiukas

មមោន់

višta

មាន់ឈ្មោល

gaidys

កណ្តុរ

žiurkė

ឆ្មា

katė

កណ្តុរប្បមេៈ

pelė

គោឈ្មោល

jautis

ឆ្កែ

šuo

ផ្ទះឆ្កែ

šuns būda

ទុយោទឹក

sodo namas

ធុងស្រោចទឹក

laistytuvas

ខ្លែវែបក

dalgis

នង្គ័ល

plūgas

កណ្ដៀវ

pjautuvas

ចបកាប់

kauptukas

នោស់

šakės

ពូថៅ

kirvis

រទេះរុញ

statinė

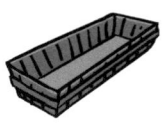

សុន្ទក

lovys

កំប៉ុងទឹកដោះគោ

bidonas

ហារ

maišas

របង

tvora

កូររោល

arklidė

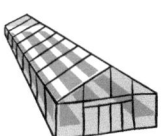

ផ្ទះកញ្ចចក់

šiltnamis

ដី

dirva

គ្រាប់ពូជ

sėkla

ជី

trąšos

ម៉ាស៊ីនបូរមូលផល

kombainas

ប្ររួលផល

rinkti

ការប្ររួលផល

derlius

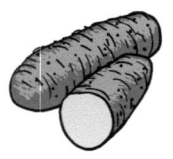

ដំឡូងជ្រូក

saldžiosios bulvės

ស្រូវសាលី

kviečiai

សណ្ដែកសៀង

soja

ដំឡូងជ្រូក

bulvė

ពោត

kukurūzai

គុរប់ប្ររង៉ៃប៉ែ

rapsai

ដរើមឈើហ្វូបផុលៃ

vaismedis

ដំឡូងមី

manijokas

ចញ្ញញជាតិ

grūdai

# ផ្ទះ

## namas

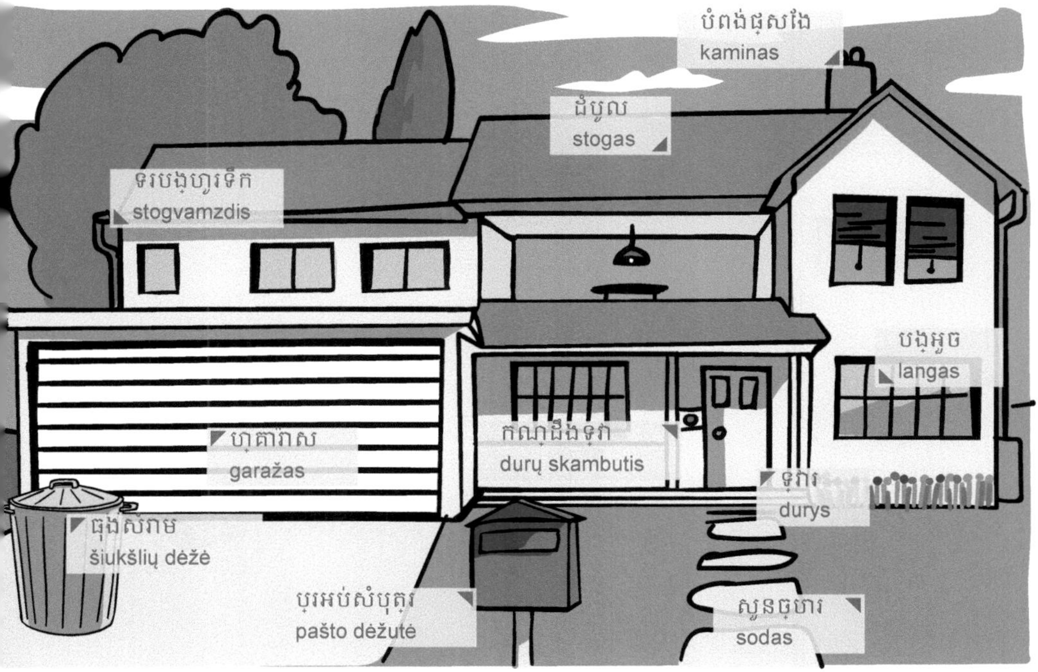

បំពង់ផ្សែង
kaminas
ដំបូល
stogas
ទរបង្ហូរទឹក
stogvamzdis
បង្អួច
langas
ហ្គារ៉ាស
garažas
កណ្ដឹងទ្វារ
durų skambutis
ទ្វារ
durys
ធុងសំរាម
šiukšlių dėžė
ប្រអប់សំបុត្រ
pašto dėžutė
សួនច្បារ
sodas


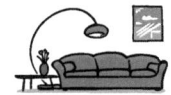

បន្ទប់ទទួលភ្ញៀវ

svetainė

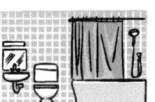

បន្ទប់ទឹក

vonios kambarys

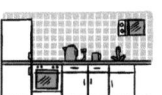

ផ្ទះបាយ

virtuvė

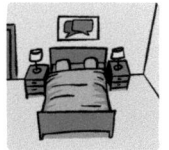

បន្ទប់គេង

miegamasis

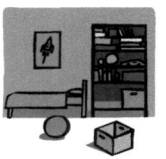

បន្ទប់របស់កុមារ

vaiko kambarys

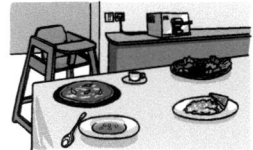

បន្ទប់ទទួលទានអាហារ

valgomasis

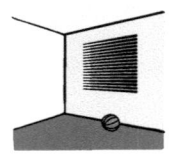

ជាន់
grindys

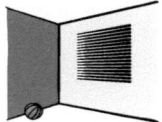

ជញ្ជាំង
siena

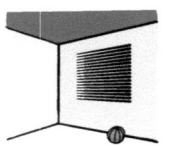

ពិដាន
lubos

បន្ទប់ក្រោមដី
rūsys

សូណា
sauna

យ៉ែរ
balkonas

ផ្ទៃរាបស្មើនៅជម្ពាល
កន្លែ
teřasa

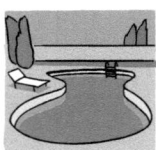

អាងហាលែទឹក
baseinas

ម៉ាស៊ីនកាត់ស្មៅ
žoliapjovė

សន្លឹក
paklodė

កម្រាលគ្រែដែគេ
lovatiesė

គ្រែ
lova

អំបោស
šluota

ធុង
kibiras

កុងតាក់
jungiklis

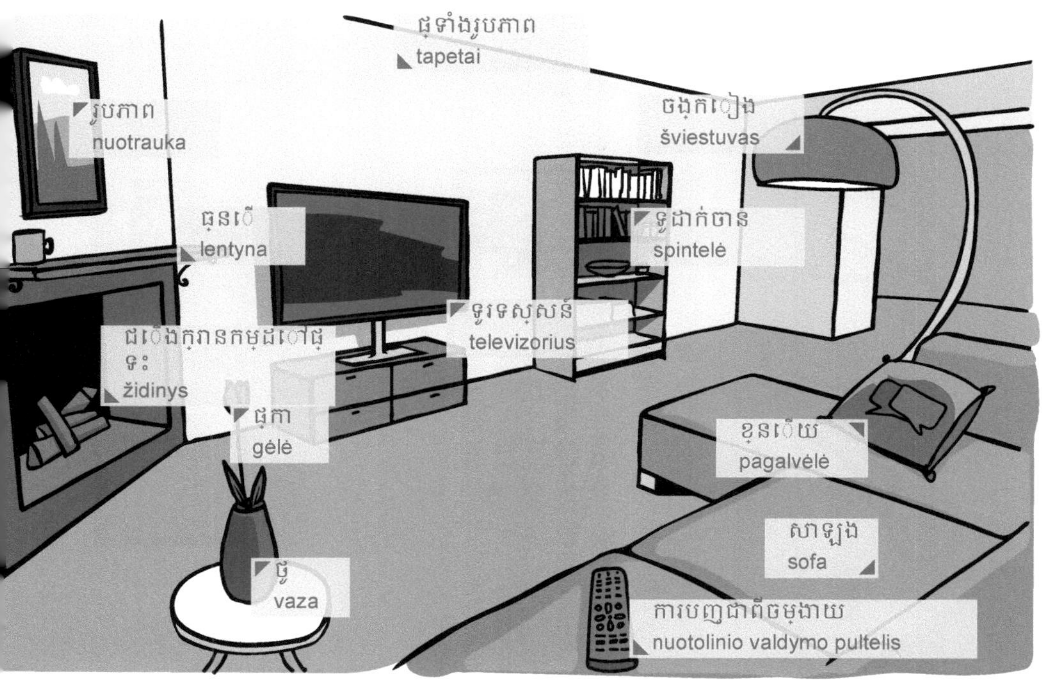

ផ្ទាំងរូបភាព
tapetai

រូបភាព
nuotrauka

ចង្កៀង
šviestuvas

ធ្នើរ
lentyna

ទូដាក់ចាន
spintelė

ជើងក្រានកម្ដៅផ្ទះ
ទ៖
židinys

ទូរទស្សន៍
televizorius

ផ្កា
gėlė

ខ្នើយ
pagalvėlė

សាឡុង
sofa

ថូ
vaza

ការបញ្ជាពីចម្ងាយ
nuotolinio valdymo pultelis

កម្រាលព្រំ
kilimas

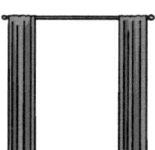

រាំងនន
užuolaida

តុ
stalas

កៅអី
kėdė

កៅអីបាក់បំរើក
supamasis krėslas

កៅអីក្បាលជើ
fotelis

សៀវភៅពេទៅ

knyga

ភួយ

antklodė

ការតុបតែង

papuošimai

អុសដុត

malkos

ខុសភាពយន្ត

filmas

ឧបករណ៍ Hi-Fi

stereo aparatūra

កូនសោ

raktas

កាសែត

laikraštis

តំនូរ

paveikslas

ផ្ទាំងរូបភាព

plakatas

វិទ្យុ

radijas

ណូតជតគេ

užrašų knygelė

ម៉ាស៊ីនបូមធូលី

dulkių siurblys

ដំបងយកុស

kaktusas

ទៀន

žvakė

# ផ្ទះបាយ
## virtuvė

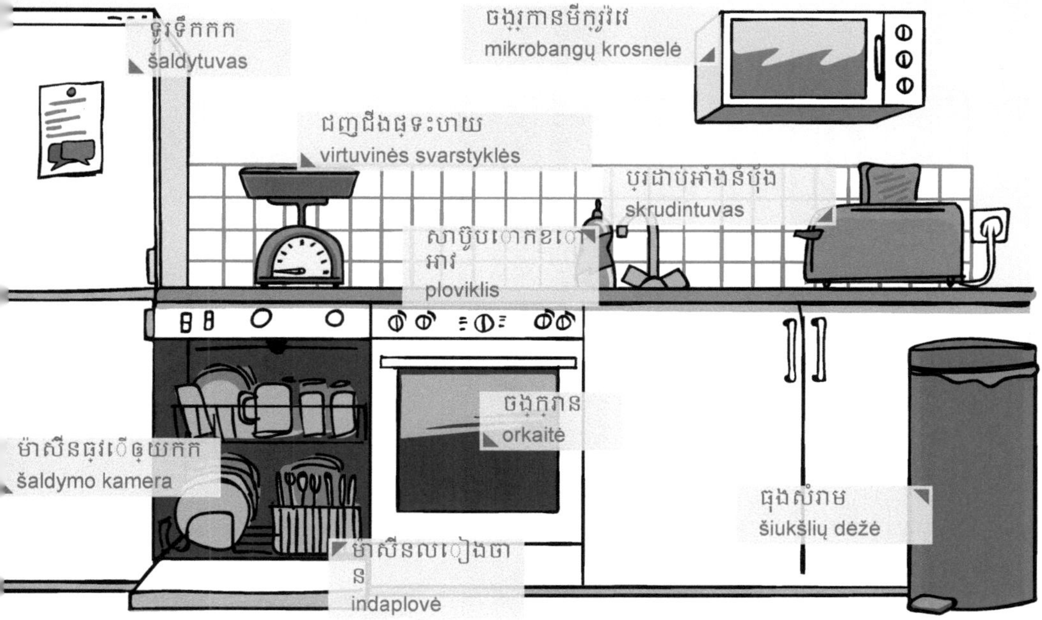

ទូរទឹកកក
šaldytuvas
ចង្ក្រានមីក្រូវ៉េវ
mikrobangų krosnelė
ជញ្ជីងផ្ទះបាយ
virtuvinės svarstyklės
ប្រដាប់អាំងនំប៉័ង
skrudintuvas
សាប៊ូបោកខោអាវ
ploviklis
ចង្ក្រាន
orkaitė
ម៉ាស៊ីនធ្វើឲ្យកក
šaldymo kamera
ធុងសំរាម
šiukšlių dėžė
ម៉ាស៊ីនលៀងចាន
indaplovė


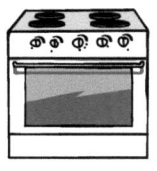

ចង្ក្រាន

viryklė

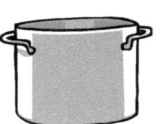

ឆ្នាំង

puodas

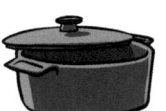

ឆ្នាំងដែក

ketaus puodas

ខ្ទះ / ខ្ទះឥណ្ឌា

„wok“ keptuvė

ខ្ទះ

keptuvė

កំសៀវ

virdulys

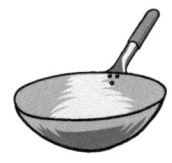

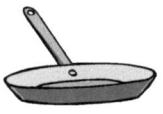

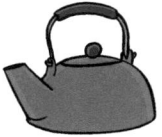

ឫនាំងចំហុយ
garų puodas

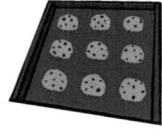

ថាសដុតនំ
kepimo skarda

គ្រឿងចានឫនាំងដី
porceliano indai

ថ្វ
puodelis

ចានតូម
dubuo

ចង្កឹះ
valgomosios lazdelės

វែកសមុល
samtis

វែកគួរ
mentelė

ឧបករណ៍វាយកូវ្បូក
plaktuvas

តម្រង
koštuvas

កន្ត្រង
sietas

ឧបករណ៍កោសដុង
trintuvė

គុហាល់
grūstuvė

ការអាំងសាច់
kepsninė

ចង្ក្រានចំហ
atvira liepsna

ជួរញ្

pjaustymo lentelė

បុរដាប់កិនម្សៅ

kočėlas

បុរដាប់ម្សៅបេីកឆ្នុកស្រា

kamščiatraukis

កំប៉ុង

skardinė

បុរដាប់បបេីកកំប៉ុង

skardinių atidarytuvas

កុរណាត់ទុរប់ឆ្នាំង

puodkėlė

កន្សលដែលោងចាន

kriauklė

ជក់

šepetys

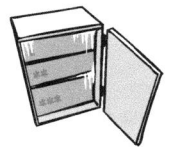

អប៉ុង

kempinė

ម៉ាសីនកួរឡ្យក

trintuvas

ទូរទេីកកកខ្នាតក្តូច

šaldiklis

ដបទឹកដេោះគេោ

kūdikių buteliukas

រ៉ូបីណារ

čiaupas

កម្ដៅពៅ
šildymas

ផ្កាឈ្លុក
dušas

កន្សែងដៃ
rankšluostis

រាំងននង្គទឹកផ្កាឈ្លុក
dušo užuolaidos

ការងូតទឹកពពុះ
vonios putos

អាងងូតទឹក
vonia

ម៉ាស៊ីនបោកគក់កំ
skalbimo mašina

កិវ៉ៃ
stikline

គ្រុឡ្បាក្របៀង
plyteles

រ៉ូបីណោរ
čiaupas

ចានបង្គន់
naktinis puodukas

កន្សែល់ដៃលាងចានន
kriauklė

បង្គន់
.................
unitazas

បង្គន់អង្គុយ
.................
tupimasis unitazas

ជផ្លេងជមរៈកាយ
.................
bidė

កុលាំទឹកនពោម
.................
pisuaras

កុរដាសបង្គន់
.................
tualetinis popierius

ច្រាសដុសបង្គន់ន
.................
unitazo šepetys

ច្រាសដុសធ្មេញ

dantų šepetėlis

ថ្នាំដុសធ្មេញ

dantų pasta

ខ្សែទោក់សម្អាតធ្មេញ

dantų siūlas

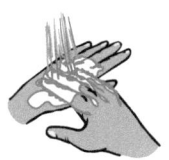

លាង

plauti

បូរដោប់ដាក់ដផ្ទៃការឈូក

dušo galvutė

ទឹកផុំនាសម្រាប់ហញ្ញលាង

higieninis dušas

អាង

praustuvas

ច្រាសដុសខ្នង

nugaros plaušinė

សាប៊ូ

muilas

ផ្សេសម្រាប់ងួតទឹកផុំការឈូ

dušo želė

សាប៊ូ

šampūnas

សកុលាត

plaušinė

បំពង់បង្ហូរទឹក

kanalizacija

ក្រូម៉ែ

kremas

ថ្នាំបំហាត់កុលិនអាក្ររ់

dezodorantas

កញ្ចក់

veidrodis

កញ្ចក់ដៃ

veidrodėlis

បូរដាប់កោរ

skustuvas

ហ្វូមកោរពុកមាត់

skutimosi putos

ទឹកលាងកូរកោរយកកោរពុកម
ៗក់ៗថ

losjonas pő skutimosi

កុរស

šukos

ជក់

šepetys

បូរដាប់សម្ងួតសក់

plaukų džiovintuvas

សុពុរាយហាញ់សក់

plaukų lakas

ការគុបតដៃមុខ

makiažas

កូរមែលាបមាត់

lūpdažis

ថ្នាំលាបកូរចក

nagų lakas

រកោមកបុហាស

vata

កន្ត្រៃកោត់កូរចក

žirklutės nagams

ទឹកអប់

kvepalai

កាបូបបោកគត់

maišelis skalbiniams

លាមក

taburetė

ជញ្ជីងថ្លឹងទម្ងន់

svarstyklės

អាវពាក់ងូតទឹក

chalatas

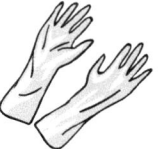

ស្រោមដៃកៅស៊ូ

guminės pirštinės

ធ្នុក

tamponas

កន្សែងអនាម័យ

higieninis įklotas

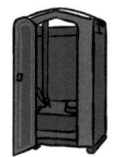

បង្គន់គីមី

biotualetas

# បន្ទប់របស់កុមារ
# vaiko kambarys

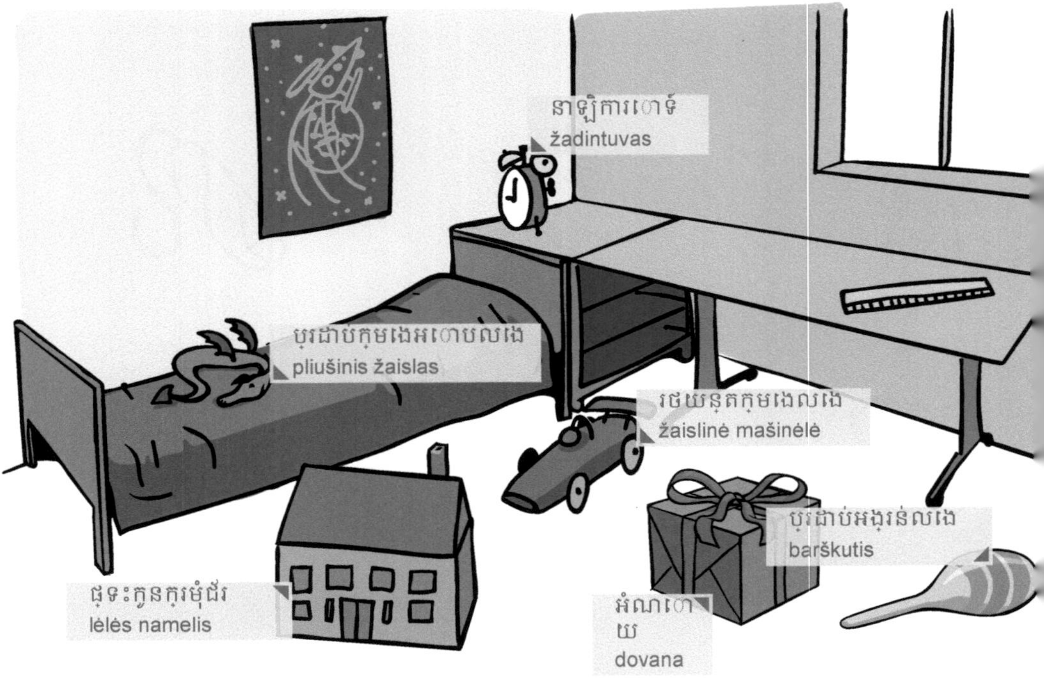

នាឡិការោទ៍
žadintuvas
ប្រដាប់ក្មេងអោបលេង
pliušinis žaislas
រថយន្តក្មេងលេង
žaislinė mašinėlė
ប្រដាប់អង្រួនលេង
barškutis
ផ្ទះកូនក្រមុំជ័រ
lėlės namelis
អំណោយ
dovana


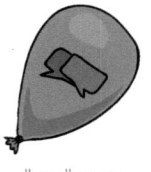

ប៉េងប៉ោង
balionas

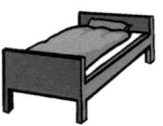

គ្រែ
lova

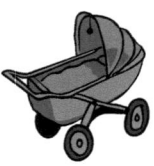

រទេះរុញទារក
vaikiškas vežimėlis

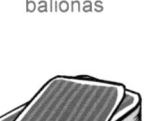

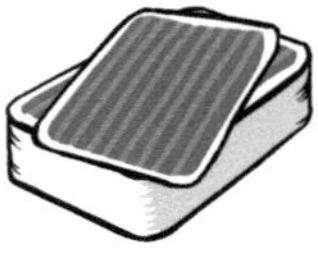

ហ៊្វបៀ
kortų malka

រូបផ្គុំ
delionė

SUPER
MEGA


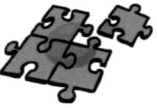

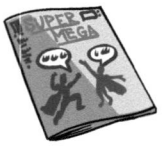

កំប្លែង
komiksai

ឥដ្ឋប្ល Lego

lego kaladėlės

បុល្កបុរដោប់កុមដែលដង

žaislinės kaladėlės

តូលខេសកម្មមភាព

figūrėlė

ខោអាវទារក

šliaužtinukai

ការគប់ចាស

mėtymo lėkštė

ទូរសីុពុទជៃ

karuselė

កុតារល្បបងែ

stalo žaidimas

គុវាប់ឡ្បកឡ្វាក់

kauliukai

ឈុតរថភ្លលេីងគំរូ

žaislinis traukinys

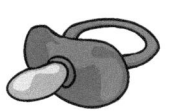

រូបសំណាក

žindukas

គណបកុស

vakarėlis

សរៀ្រភេ៧រូបភាព

paveiksliukų knygelė

ហាល់

kamuolys

ក្ងូនក្ររម៉ុំគុក្ុកតា

lėlė

លងែ

žaisti

រណ្ដៅខ្សាច់

smėlio dėžė

ទ្រោង

sūpynės

បុរដាប់កុមងេលងេ

žaislai

កុងសូលវិដអ្នែហ្គតមេ

žaidimų konsolė

គ្រីចក្ររយានយន្ត

triratukas

តុក្កកតាខុលាយុម៉ុ

meškiukas

ទូខោអាវ

drabužių spinta

### drabužis

សុរ\[\]មជេ៊ង

kojinės

សុរ\[\]មជេ៊ងវែង

kojinės virš kelių

ខោទុរនាប់នារី

pėdkelnės

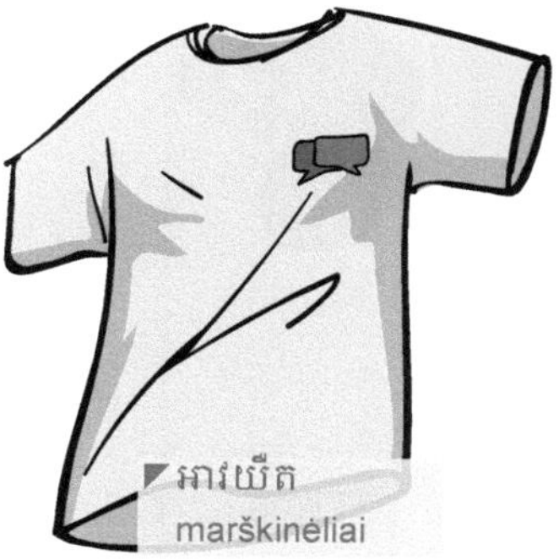

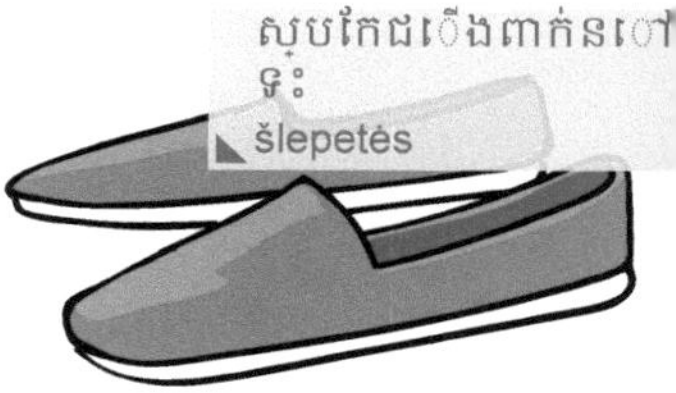

ករម៉ា
šalikas

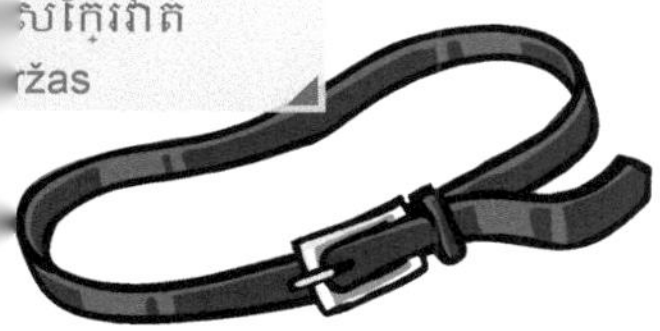

...ក្រវ៉ាត់
...žas

ឆត្រ
skėtis

អាវយឺត
marškinėliai

ស្បែកជើងបាតា
sportbačiai

ស្បែកជើងករវ៉ៃ
ilgaauliai batai

ស្បែកជើងពាក់នៅ
ផ្ទះ
šlepetės

ស្បែកជើងសង្រែក

sandalai

ស្បែកជើង

batai

ស្បែកជើងករវ៉ៃកៅស៊ូ

guminiai batai

ខោទុយនាប់បុរស

trumpikės

អាវទុយនាប់

liemenėlė

អាវកាក់

liemenė

វងកាយ
glaustinukė

ខោវែង
kelnės

ខោខូវបិយ
džinsai

សំពត់
sijonas

អាវក្រុរៅ
palaidinė

អាវ
marškiniai

អាវយឺត
megztinis

អាវយឺត
megztinis su gobtuvu

អាវធំ
švarkelis

អាវក្រុរៅ
švarkas

អាវធំ
paltas

អាវភ្លៀងវៀង
lietpaltis

គុរវៀងតវែ
kostiumas

អាវរវែ
suknelė

សំលរៀកបំពាក់អាពាហ៍ពិពា
ហ៍
vestuvinė suknelė

ខោអាវឈុត

kostiumas

រ៉ូបរាត្រី

naktiniai marškiniai

ឈុតគេង

pižama

សារី

saris

កន្សែងដែងជូតកុហាល

skarelė

ធ្នូត

tiurbanas

ស៊ុបម៉ែខ

burka

kaftan

kaftanas

abaya

abaja

ឈុតហាលេទឹក

maudymosi kostiumėlis

ខោខលី

glaudės

ខោខលី

šortai

ឈុតហាត់កីឡា

sportinis kostiumas

អាវអៀម

prijuostė

ស្រោមដៃ

pirštinės

ឡូវរអាវ
saga

វ៉ែនតា
akiniai

ខ្សែដៃ
apyrankė

ខ្សែក
vėrinys

ចិញ្ចៀន
žiedas

កុវិល
auskaras

មួក
kepurė

បុរដាប់ពួយអាវក្រៅ
pakabas

មួក
skrybėlė

ក្រវាត់ក
kaklaraištis

រូត
užtrauktukas

មួកសុវត្ថិភាព
šalmas

ខ្សែ
breketai

ឯកសណ្ឋានសាលា
mokyklinė uniforma

ឯកសណ្ឋាន
uniforma

អរ្យៀមទារក

seilinukas

រូបសំណាក

žindukas

ខោទឹកនោម

vystyklai

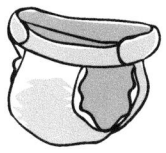

ម៉ាស៊ីនមេ
serveris

ទូឯកសារ
dokumentų spinta

ម៉ាស៊ីនបោះពុម្ព
spausdintuvas

ម៉ូនីទ័រ
vaizduoklis

កុរដាស
popierius

កុំព្យូទ័រយោលយ
rašomasis stalas

កណ្ដុរ
pelé

សិមិ
aplankas

ក្ដារចុច
klaviatūra

កន្ត្រករដាក់សំរាមកុរដាស
šiukšliadėžė

កៅអី
kédé

កុំព្យូទ័រ
kompiuteris

កវែកាហ្វេ

kavos puodelis

ម៉ាស៊ីនគិតលេខ

kalkuliatorius

អ៊ីនធឺណិត

internetas

កុំព្យូទ័រយួរដៃ
.................
nešiojamasis kompiuteris

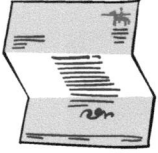

លិខិត
.................
laiškas

សារ
.................
žinutė

ទូរស័ព្ទដៃ
.................
mobilusis telefonas

បណ្តាញ
.................
tinklas

ម៉ាស៊ីនថតចម្លង
.................
fotokopijavimo aparatas

សូហ្វវែរ
.................
programinė įranga

ទូរស័ព្ទ
.................
telefonas

រន្ធជោត
.................
kištukinis lizdas

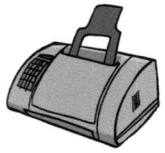

ម៉ាស៊ីនទូរសារ
.................
faksas

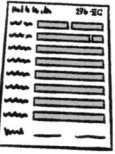

ទម្រង់បែបបទ
.................
forma

ឯកសារ
.................
dokumentas

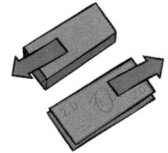

ទិញ

pirkti

បង់ប្រាក់

mokėti

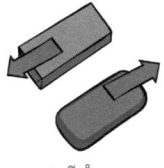

ធ្វើជំនួញ

prekiauti

លុយ

pinigai

ប្រាក់ដុល្លារ

doleris

ប្រាក់អឺរ៉ូ

euras

ប្រាក់យ៉ែន

jena

 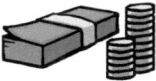

ប្រាក់រ៉ូបិល

rublis

ហ្វ្រង់ស្វីស

Šveicarijos frankas

ប្រាក់យ៉ន

juanis

ប្រាក់រូពី

rupija

កន្លែងប្រើសាច់ប្រាក់

bankomatas

ការិយាល័យបុតូរប្រាក់

valiutos keitykla

មាស

auksas

ប្រាក់

sidabras

ប្រេង

nafta

ថាមពល

energija

តម្លៃ

kaina

កិច្ចសន្យា

sutartis

ពន្ធ

mokestis

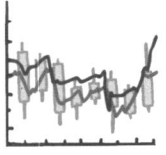

ភាគហ៊ុន

akcijos

ធ្វើការ

dirbti

បុគ្គលិក

darbuotojas

និយោជក

darbdavys

រោងចក្រ

gamykla

ហាង

parduotuvė

មន្ត្រីប៉ូលិស
policininkas

អ្នកពន្លត់អគ្គិភ័យ
ugniagesys

ចុងភៅ
virėjas

វេជ្ជបណ្ឌិត
gydytojas

អ្នកបើកយន្តហោះ
lakūnas

អ្នកថែស្វែន

sodininkas

ជាងឈើ

stalius

ជាងកាត់ដេរ

siuvėja

ចៅក្រម

teisėjas

គីមីវិទូ

chemikas

តួកុន

aktorius

អ្នកបើកឡ្បានក្រុង
autobuso vairuotojas

អ្នកបើកតាក់ស៊ី
taksi vairuotojas

អ្នកនេសាទ
žvejys

ស្ត្រីអ្នកសម្អាត
valytoja

ជាងដំបូល
stogdengys

អ្នករត់តុ
padavėjas

អ្នកបរបាញ់សត្វ
medžiotojas

វិចិត្រករ
dailininkas

អ្នកដុតនំ
kepėjas

ជាងអគ្គីសនី
elektrikas

ជាងសំណង់
statybininkas

វិស្វករ
inžinierius

អ្នកកាប់សាច់
mėsininkas

ជាងជួសជុលទុយោរទឹក
santechnikas

អ្នករត់សំបុត្រ
paštininkas

ទាហាន

kareivis

ស្ថាបត្យករ

architektas

បង្គ្រា

kasininkas

អ្នកលក់ផ្កា

gėlininkas

អ្នកអ៊ិតសក់

kirpėjas

អ្នកយកលុយ

konduktorius

ជាងម៉ាស៊ីន

mechanikas

កាពីទែន

kapitonas

ពទ្យធ្មេញ

odontologas

អ្នកវិទ្យាសាស្ត្រ

mokslininkas

គ្រូបង្រៀនច្បាប់សញ្ជាតិជឺហ្វ

rabinas

លោកសង្ឃយចាម

imamas

ព្រះសង្ឃយ

vienuolis

បព្វជិត

kunigas

# ឧបករណ៍
## įrankiai

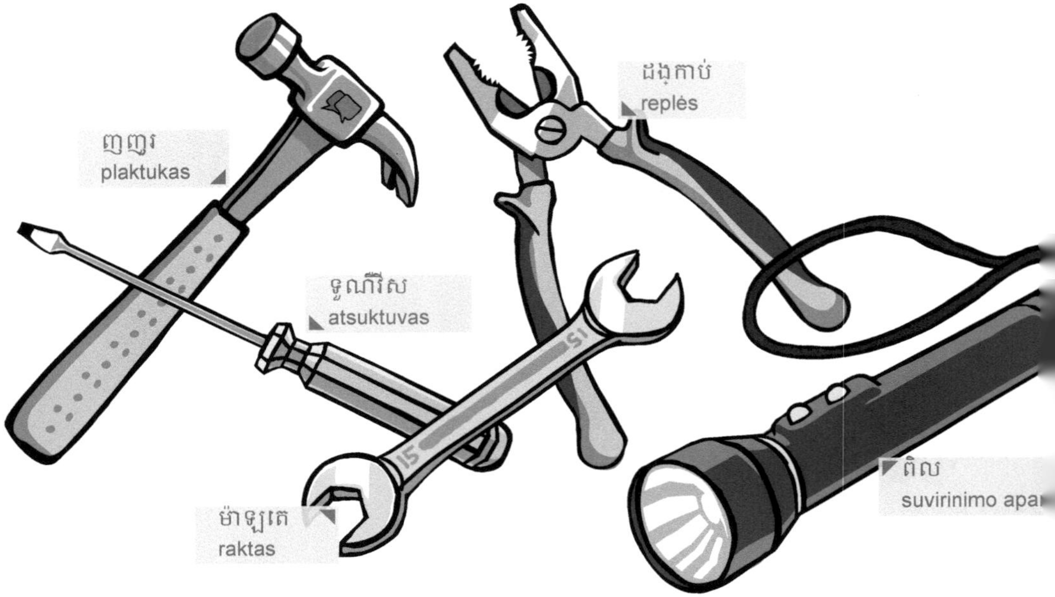
ញញួរ
plaktukas
ទួណឺវីស
atsuktuvas
ដង្កាប់
replės
ម៉ាឡេត
raktas
ពិល
suvirinimo apar

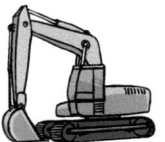

ម៉ាស៊ីនជីក
ekskavatorius

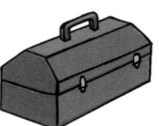

ប្រអប់ឧបករណ៍
įrankių dėžė

ជណ្តើរ
kopėčios

រណារ
pjūklas

ដែកគោល
vinys

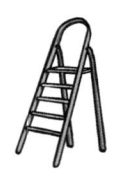

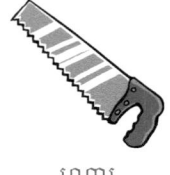

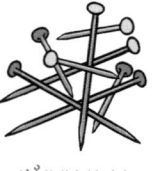

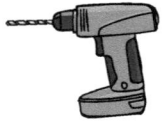

ប្រដាប់ស្វាន
grąžtas

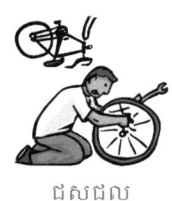

ជួសជុល

taisyti

ប៉ែល

kastuvas

ចង្រៃ!

Velniava!

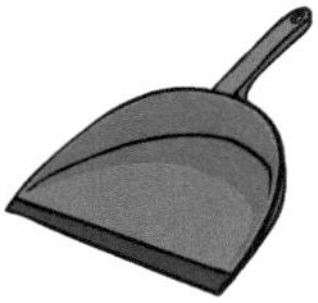

ប្រដាប់ចូកធូលី

semtuvėlis

ធុងថ្នាំពណ៌

dažų skardinė

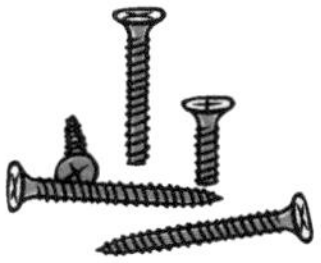

វីស

varžtai

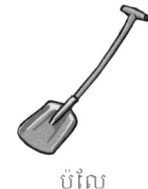

# ឧបករណ៍តន្ត្រី

## muzikos instrumentai

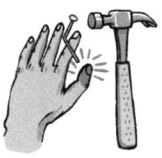

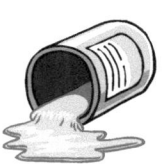

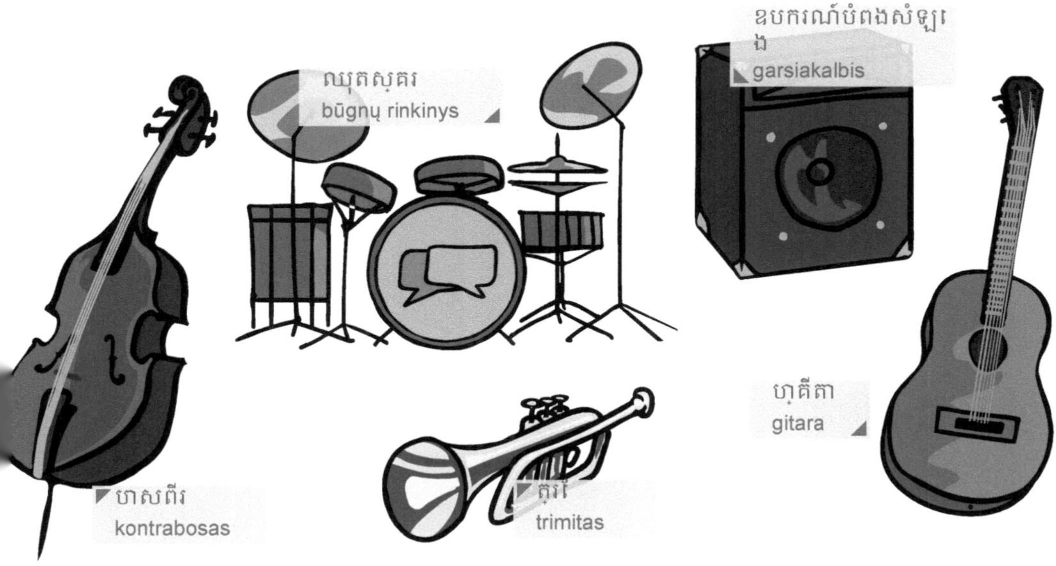
ឧបករណ៍បំពងសំឡេង
garsiakalbis
ឈុតស្គរ
būgnų rinkinys
ហ្គីតា
gitara
ហាសពីរ
kontrabosas
ត្រែ
trimitas

ពុយាណូ

pianinas

វីយ៉ូឡុង

smuikas

ហាស

bosinė gitara

ស្គររោសស៊ុបកែមុយ៉ាង

timpanas

ស្គរ

būgnai

យឺបត

sintezatorius

សាក់ស៊ូហ្វូន

saksofonas

ខ្លុយ

fleita

មីក្រូហ្វូន

mikrofonas

# សួនសត្វ
# zoologijos sodas

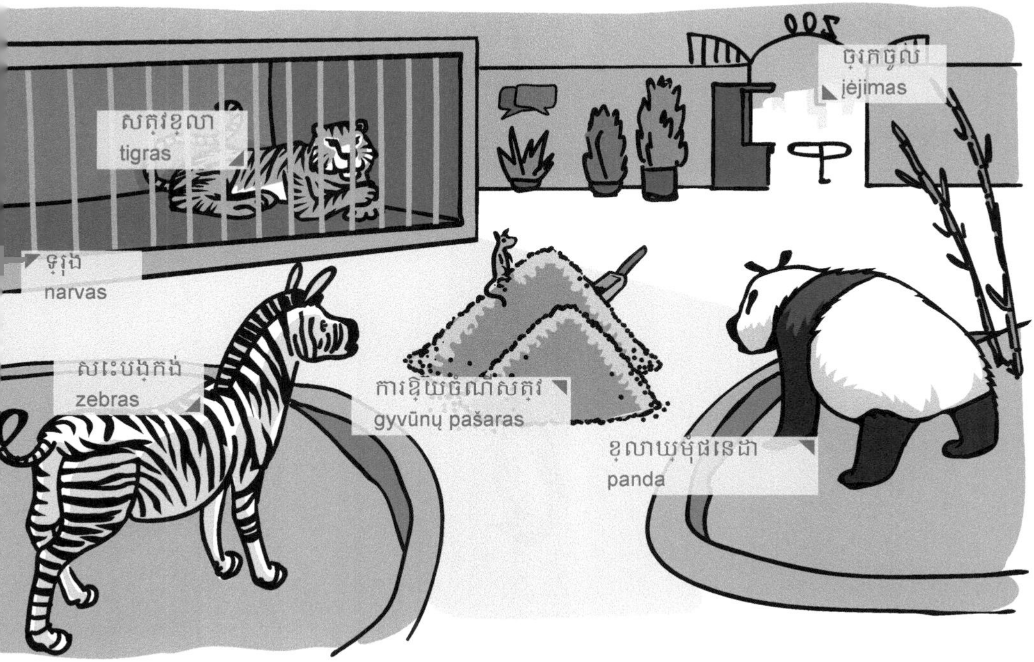

សត្វខ្លា
tigras
ច្រកចូល
įėjimas
ទ្រុង
narvas
សេះបង្កង់
zebras
ការឱ្យចំណីសត្វ
gyvūnų pašaras
ខ្លាឃ្មុំផេនដា
panda


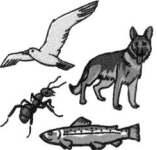

សត្វ

gyvūnai

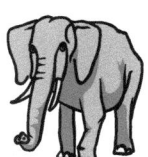

សត្វដំរី

dramblys

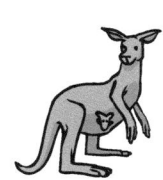

សត្វកង់ហ្គារូ

kengūra

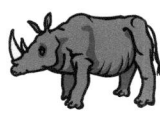

សត្វរមាស

raganosis

សត្វស្វាហ្គ័រីឡា

gorila

ខ្លាឃ្មុំពណ៌ត្នោត

meška

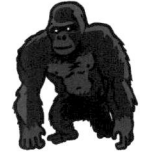

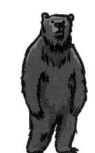

សត្វអូដ្ឋប

kupranugaris

សត្វអូមុីស

strutis

សត្វតោ

liūtas

ស្វា

beždžionė

សត្វកុររៀល

flamingas

សកេ

papūga

ខ្លាឃ្មុំតំបន់ប៉ូល

baltoji meška

ជនេបុរីន

pingvinas

ត្រីឆ្លាម

ryklys

ក្ងោក

povas

សត្វពស់

gyvatė

ក្រពើ

krokodilas

អ្នករក្សាសួនសត្វ

zoologijos sodo prižiūrėtojas

ឆ្មាទឹក

ruonis

ខ្លាខិនមុយ៉ាង

jaguaras

ក្វិនសៈ

ponis

ខ្លារខិន

leopardas

សត្វរំពើទឹក

begemotas

សត្វកររៃ

žirafa

ឥន្ទ្រី

erelis

ជ្រូក

šernas

ត្រី

žuvis

អណ្ដើកគោក

vėžlys

លម្ពះមច្ចា

vėplys

កញ្ជ្រោង

lapė

ក្ដាន់

gazelė

កីឡាហ្វុតបាល់ទាត់អាមេរិក
amerikietiškas futbolas

ការបុរណាំងកង់
dviračių sportas

កីឡាថ្នេស
tenisas

កីឡាហ្វុតបាល់បះបោះ
krepšinis

កីឡាហែលទឹក
plaukimas

កីឡាប្រដាល់
boksas

កីឡាវាយកូនហ្គោលលើទឹកកក
ledo ritulys

កីឡាហ្វុតបាល់ទាត់
futbolas

កីឡាវាយសី
badmintonas

អត្តពលកម្ម
atletika

កីឡាហ្វុតបាល់កាន់
rankinis

ការជិះស្គី
slidinėjimas

ប៉ូឡូ
polas

# សកម្មភាពនានា
## užsiėmimai

លោត
šokinėti
ឱប
apkabinti
សើច
juoktis
ដើរ
vaikščioti
ច្រៀង
dainuoti
សុបិន្ត
svajoti
អធិស្ឋាន
melstis
ថើប
bučiuoti

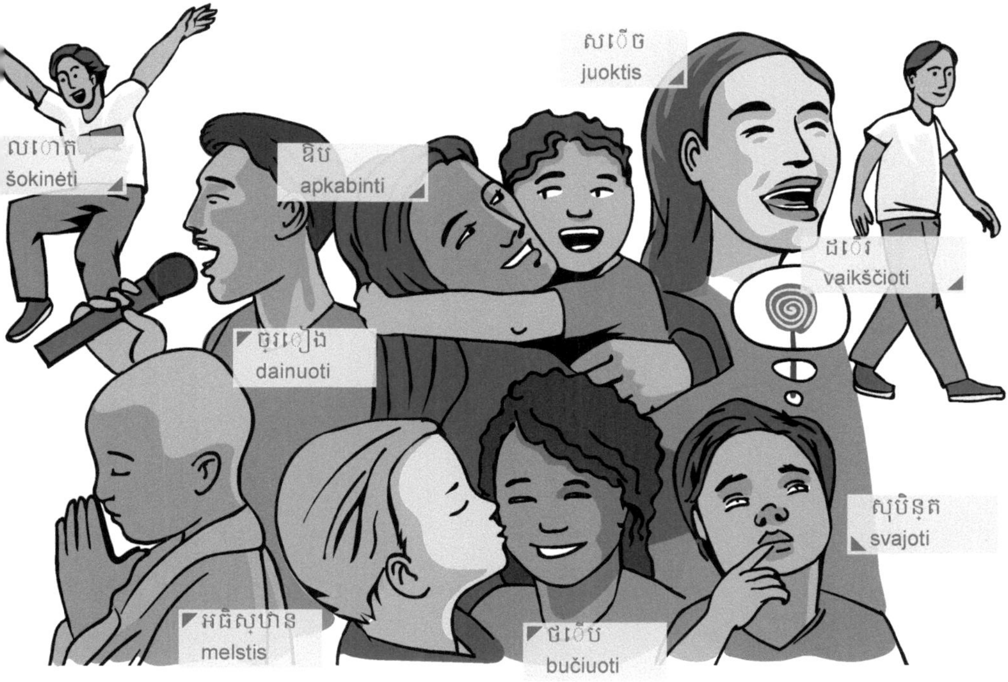

សរសេរ
rašyti

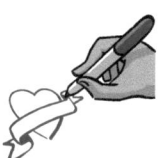

គូរ
piešti

បង្ហាញ
rodyti

រុញ
stumti

ឲ្យ
duoti

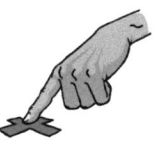

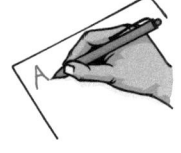

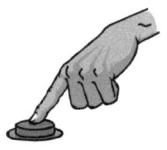

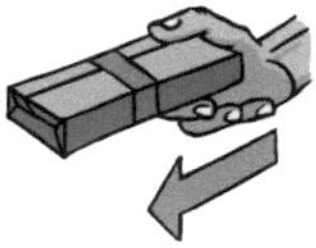

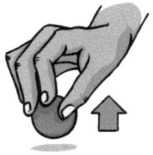

យក
imti

មាន

turėti

ធ្វើ

daryti

គឺ

būti

ឈរ

stovėti

រត់

bėgti

ទាញ

traukti

បោះ

mesti

ធ្លាក់

kristi

កុហក

meluoti

រង់ចាំ

laukti

យួរ

nešti

អង្គុយ

sėdėti

សួលៀកពាក់

rengtis

ដេក

miegoti

ភ្ញាក់ឡូរើង

pabusti

មើ៍ល

žiūrėti

យំ

verkti

គូសវាស

glostyti

សិតសក់

šukuoti

និយាយ

kalbėti

យល់

suprasti

សួរ

paklausti

ស្ដាប់

klausytis

ផឹក

gerti

បរិភោគ

valgyti

សម្អាត

tvarkytis

ស្រលាញ់

mylėti

ចម្អិន

gaminti

បើកបរ

vairuoti

ហោះ

skristi

ចតែកទូក
buriuoti

គណនា
skaičiuoti

អាន
skaityti

រៀន
mokytis

ធ្វើការ
dirbti

រៀបការ
vesti

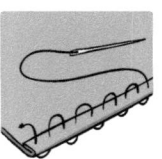

ដេរ
siūti

ដុសធ្មេញ
valytis dantis

សម្លាប់
žudyti

ជក់
rūkyti

ផ្ញើរ
siųsti

# ក្រុមគ្រួសារ
## šeima

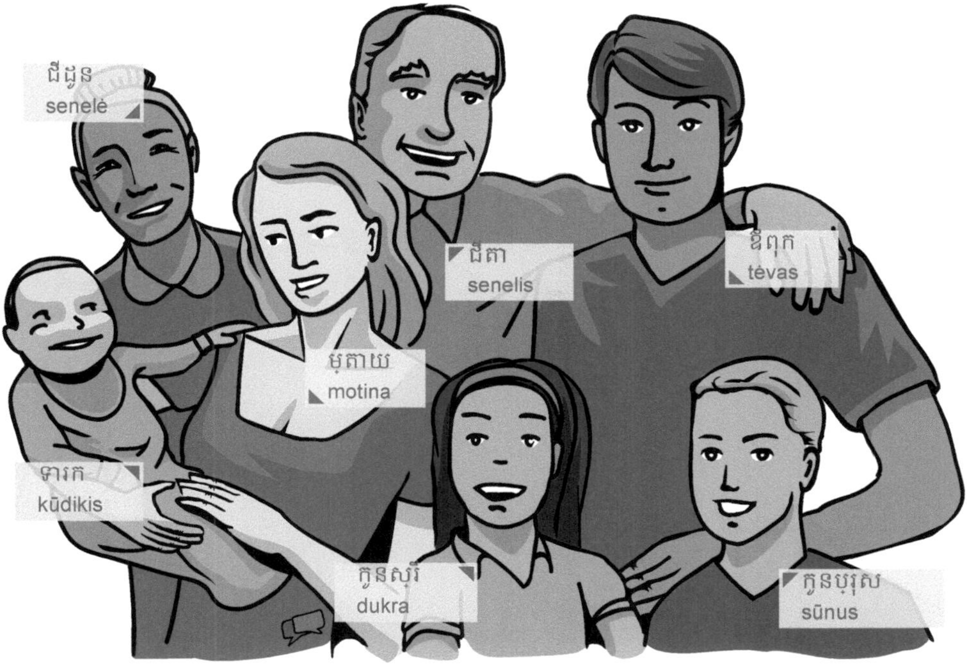
ជីដូន
senelė
ជីតា
senelis
ឪពុក
tėvas
ម្តាយ
motina
ទារក
kūdikis
កូនស្រី
dukra
កូនប្រុស
sūnus

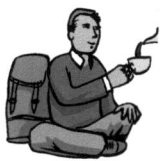

ភ្ញៀវ

svečias

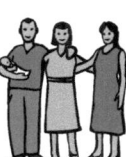

មីង

teta

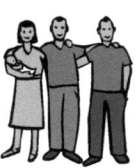

ពូ

dėdė

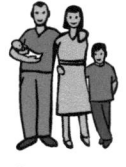

បងប្អូនប្រុស

brolis

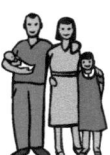

បងប្អូនស្រី

sesuo

# រាងកាយ

## kūnas

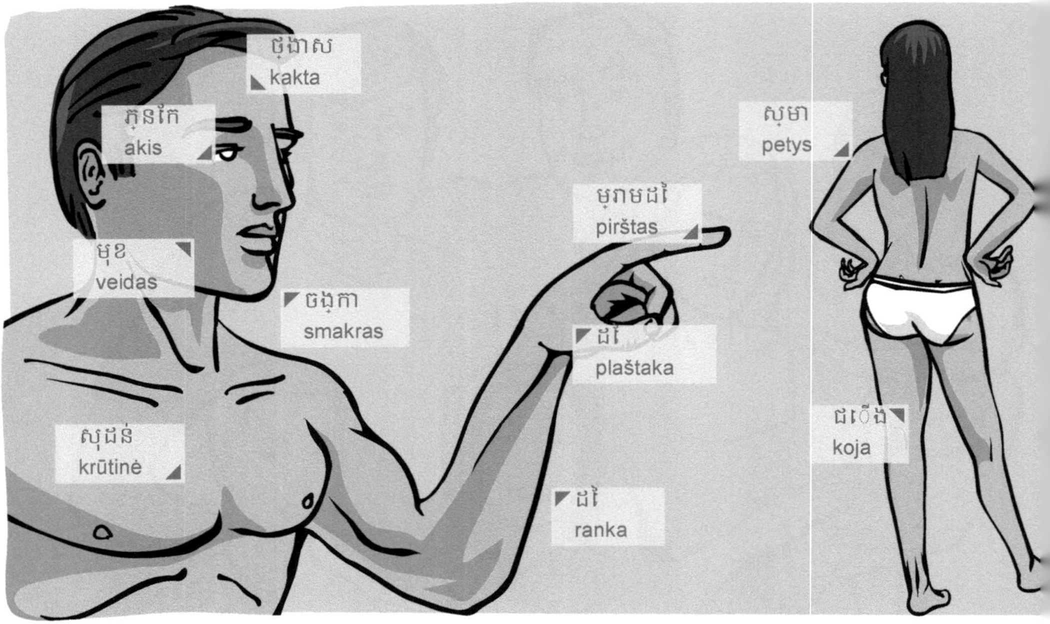

ថ្ងាស
kakta
ភ្នែក
akis
ស្មា
petys
ម្រាមដៃ
pirštas
មុខ
veidas
ចង្កា
smakras
ដៃ
plaštaka
ជើង
koja
សុដន់
krūtinė
ដៃ
ranka


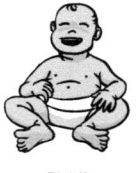

ទារក

kūdikis

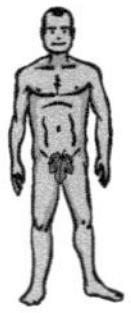

បុរស

vyras

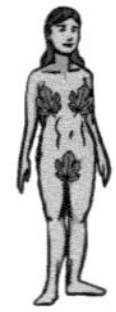

ស្ត្រី

moteris

ក្មេងស្រី

mergaitė

ក្មេងប្រុស

berniukas

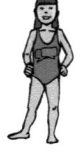

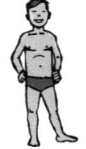

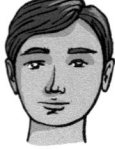

ក្បាល

galva

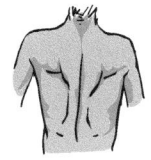

ខ្នង

nugara

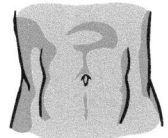

ពោះ

pilvas

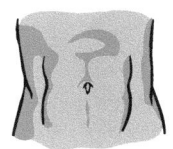

ផ្ចិត

bamba

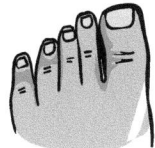

មុជជើង

kojos pirštas

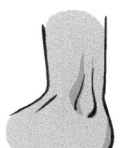

កែងជើង

kulnas

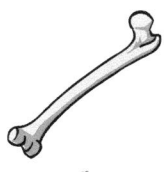

ឆ្អឹង

kaulas

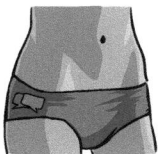

គូទភាគ

klubas

ជង្គង់

kelis

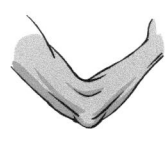

កែងដៃ

alkūnė

ចុរមុះ

nosis

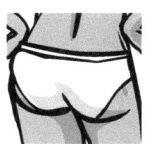

គូទ

sėdmenys

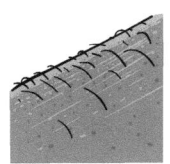

សូបកៃ

oda

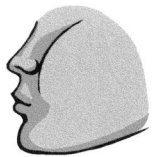

ថ្ពាល់

skruostas

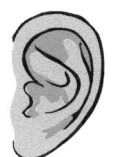

គូរចៀក

ausis

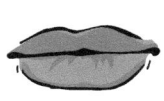

បបូរមាត់

lūpa

មាត់

burna

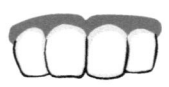

ធ្មេញ

dantis

អណ្ដាត

liežuvis

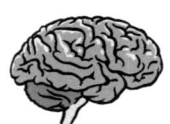

ខួរក្បាល

smegenys

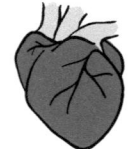

បេះដូង

širdis

សាច់ដុំ

raumuo

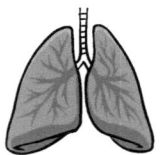

សួត

plaučiai

ថ្លើម

kepenys

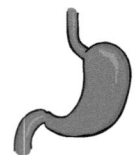

ក្រពះ

skrandis

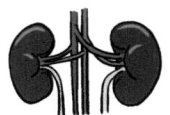

តម្រងនោម

inkstai

ការរួមភេទ

seksas

ស្រោមអនាម័យ

prezervatyvas

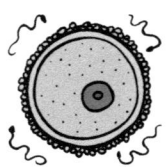

អូវុល

kiaušialąstė

ទឹកកាម

sperma

ការមានផ្ទៃពោះ

nėštumas

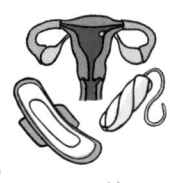

មករដ្ឋវ

menstruacijos

ទ្វារមាស

makštis

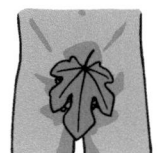

លិង្គ

varpa

ចិញ្ចើមភ្នែក

antakis

សក់

plaukai

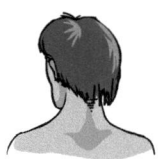

ក

kaklas

# មន្ទីរពេទ្យ
## ligoninė

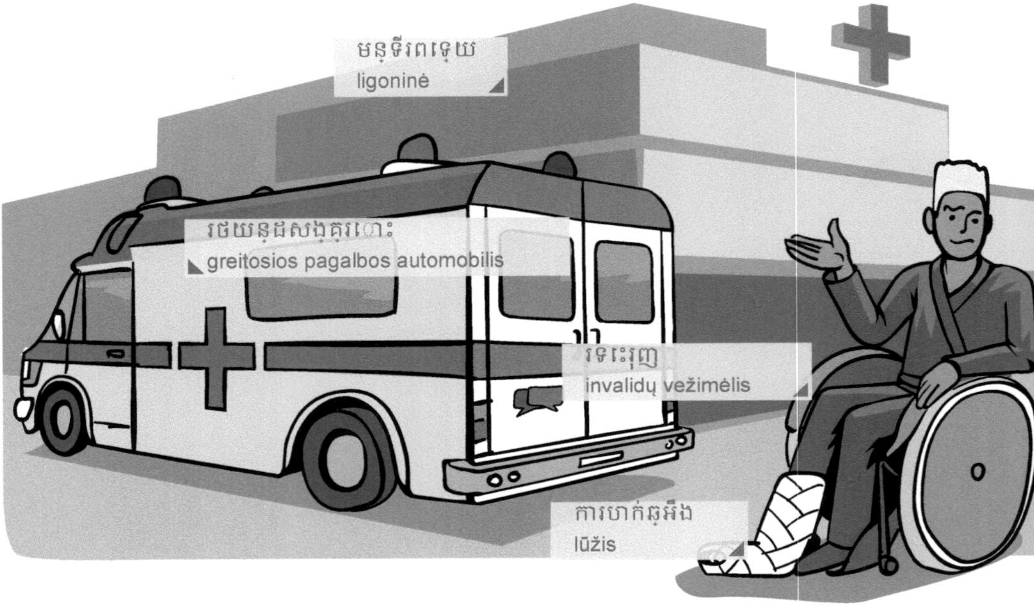

មន្ទីរពេទ្យ
ligoninė
រថយន្តសង្គ្រោះ
greitosios pagalbos automobilis
រទេះរុញ
invalidų vežimėlis
ការបាក់ឆ្អឹង
lūžis


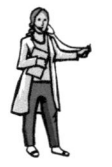

វេជ្ជបណ្ឌិត

gydytojas

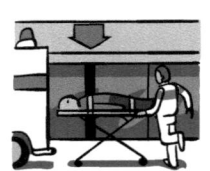

បន្ទប់សង្គ្រោះបន្ទាន់

skubios pagalbos skyrius

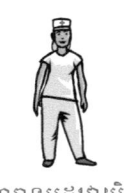

គិលានុបដ្ឋាយិកា

slaugytoja

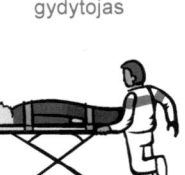

សង្គ្រោះបន្ទាន់

nelaimingas atsitikimas

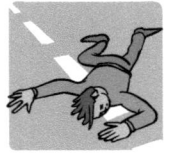

សន្លប់

be sąmonės

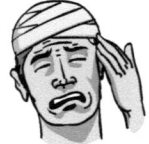

ការឈឺចាប់

skausmas

ការរងរបួស

sužalojimas

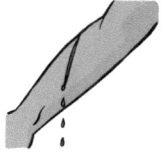

ការហូរឈាម

kraujavimas

គាំងបេះដូង

širdies smūgis

រលឹងជាច់សរសៃឈាមក្នុង
ក្បាល
insultas

អាលែកហ្ស៊ី

alergija

ក្អក

kosulys

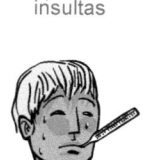

ជំងឺគ្រុន

karščiavimas

ជំងឺផ្តាសាយ

gripas

ជំងឺរាគ្រួស

viduriavimas

ឈឺក្បាល

galvos skausmas

ជំងឺមហារីក

vėžys

ជំងឺទឹកនោមផ្អែម

diabetas

គ្រូពេទ្យវះកាត់

chirurgas

កាំបិតវះកាត់

skalpelis

បុរេតិបត្តិការ

operacija

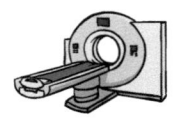

CT
KT

កាំរស្មីអិច
rentgenas

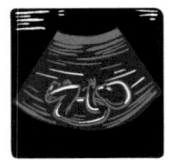

អេកូ
ultragarsas

របាំងមុខ
veido kaukė

ជំងឺ
liga

របង់ចាំបន្ទប់
laukiamasis

ឈើច្រត់
ramentas

មុនាងសិលា
gipsas

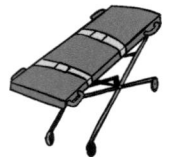

បង់រុំ
tvarstis

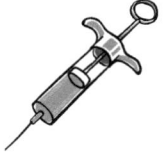

ការចាក់ថ្នាំ
injekcija

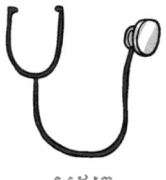

ស្ដង់គ្ញ
stetoskopas

សូនដែងប្អួស
neštuvai

ទែម៉ូម៉ែត្ររុ្គ្យាហាល
termometras

កំណើត
gimimas

ល្ើសទម្ងន់
antsvoris

បរិក្ខារជំនួយការស្ដាប់

klausos aparatas

សារធាតុសម្លាប់មេរោគ

dezinfekavimo priemonė

ការឆ្លងមេរោគ

infekcija

មេរោគ

virusas

មេរោគអេដស៍ / ជំងឺអេដស៍

ŽIV / AIDS

ថ្នាំពេទ្យ

vaistas

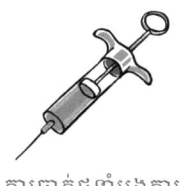

ការចាក់ថ្នាំបង្ការ

skiepijimas

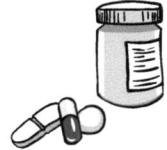

ថ្បេ្បលិត

tabletės

ថ្នាំគ្រាប់

piliulė

ការហៅទៅលេខអាសន្ន

kubios pagalbos numeris

ឧបករណ៍ពិនិត្យសម្ពាធ
···ឈាម···

kraujospūdžio matuoklis

ឈឺ / មានសុខភាពល្អ

ligotas / sveikas

ជំនួយ!

Padėkite!

សំឡេងសញ្ញារោទ៍

pavojaus signalas

ការវាយលុក

užpuolimas

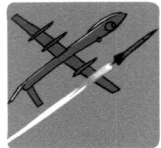

ការវាយប្រហារ

ataka

គ្រោះថ្នាក់

pavojus

ច្រកចេញគ្រាអាសន្ន

avarinis išėjimas

អគ្គីភ័យ!

Gaisras!

បំពង់ពន្លត់អគ្គីភ័យ

gesintuvas

គ្រោះថ្នាក់

nelaimingas atsitikimas

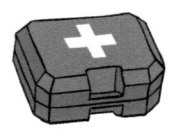

ឧបករណ៍ជំនួយបឋម

pirmosios pagalbos rinkinys

SOS

SOS

ប៉ូលិស

policija

អឺរុប

Europa

អាមេរិកខាងជើង

Šiaurės Amerika

អាមេរិកខាងត្បូង

Pietų Amerika

អាហ្រ្វិក

Afrika

អាស៊ី

Azija

អូស្ត្រាលី

Australija

អាត្លង់ទិច

Atlanto vandenynas

ប៉ាស៊ីហ្វិក

Ramusis vandenynas

មហាសមុទ្រផណ្ឌា

Indijos vandenynas

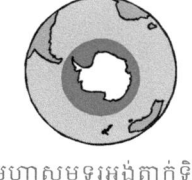

មហាសមុទ្រអង់តាក់ទិច

Pietų vandenynas

មហាសមុទ្រអាកទិច

Arkties vandenynas

ប៉ូលខាងជើង

Šiaurės ašigalis

ប៉ូលខាងត្បូង
................
Pietų ašigalis

អង់តាក់ទិក
................
Antarktida

ផែនដី
................
Žemė

ដីគោក
................
sausuma

សមុទ្រ
................
jūra

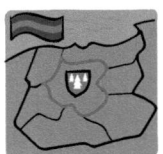

កោះ
................
sala

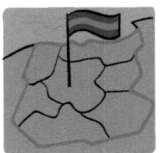

បុរទេសជាតិ
................
tauta

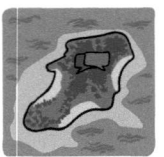

រដ្ឋ
................
valstybė

មុខនាឡិកា

ciferblatas

ទុរនិចម៉ោង

valandinė rodyklė

ទុរនិចនាទី

minutinė rodyklė

ទុរនិចវិនាទី

sekundinė rodyklė

ម៉ោងប៉ុន្មាន?

Kiek valandų?

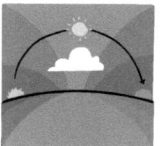

ថ្ងៃ

diena

ពេលវេលា

laikas

ឥឡូវនេះ

dabar

នាឡិកាឌីជីថល

skaitmeninis laikrodis

នាទី

minutė

ម៉ោង

valanda

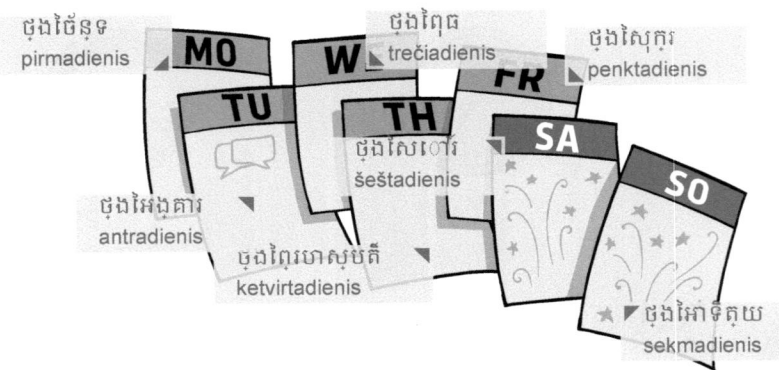

ថ្ងៃចន្ទ
pirmadienis

ថ្ងៃពុធ
trečiadienis

ថ្ងៃសុក្រ
penktadienis

ថ្ងៃអង្គារ
antradienis

ថ្ងៃសៅរ៍
šeštadienis

ថ្ងៃព្រហស្បតិ៍
ketvirtadienis

ថ្ងៃអាទិត្យ
sekmadienis

មុស៉ិលម៉ិញ
vakar

ថ្ងៃនេះ
šiandien

ថ្ងៃស្អែក
rytoj

ព្រឹក
rytas

ថ្ងៃត្រង់
vidurdienis

ល្ងាច
vakaras

ថ្ងៃធ្វើការ
darbo dienos

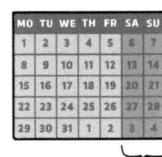

ចុងសប្តាហ៍
savaitgalis

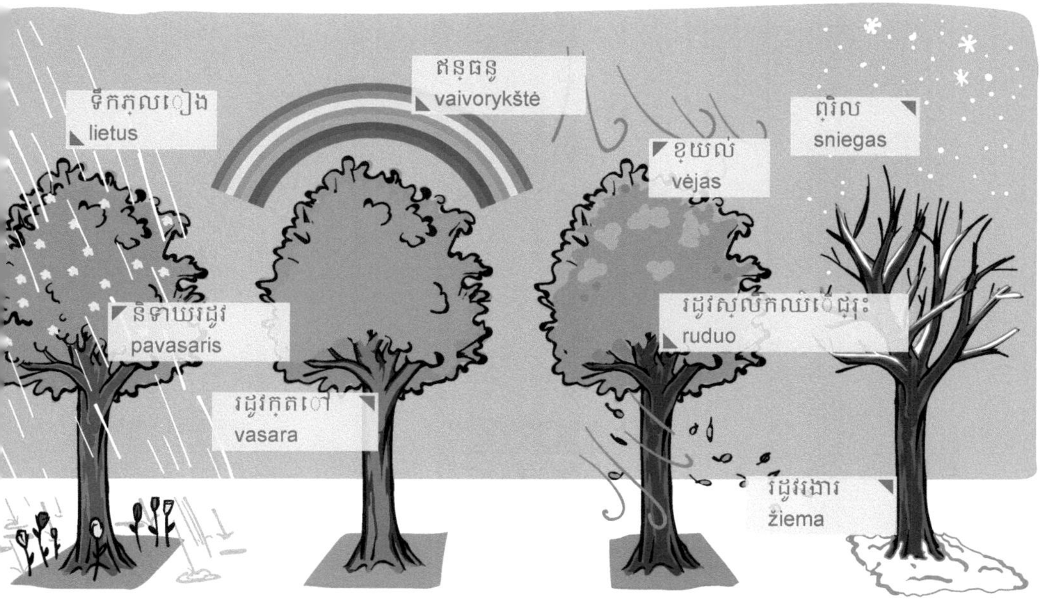

ទឹកភ្លៀង
lietus

ពន្លចន្ទ
vaivorykštė

ខ្យល់
vėjas

ព្រិល
sniegas

និទាឃរដូវ
pavasaris

រដូវក្តៅ
vasara

រដូវស្លឹកឈើជ្រុះ
ruduo

រដូវរងារ
žiema

| 4.APRIL | 11° | ☀ |
| 5.APRIL | 4° | ☂ |
| 6.APRIL | 13° | ☔ |
| 7.APRIL | 8° | ❄ |
| 8.APRIL | 10° | ☀ |

ការព្យាករណ៍អាកាសធាតុ

oru prognozė

ទែម៉ូម៉ែត្រ

lauko termometras

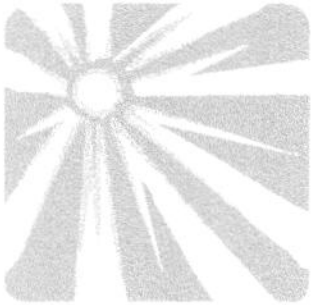

ពន្លឺថ្ងៃ

saulės šviesa

ពពក

debesis

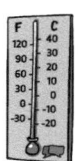

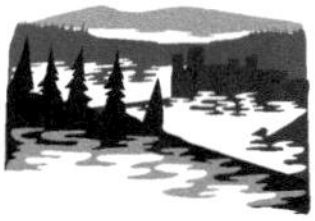

អ័ព្ទ

rūkas

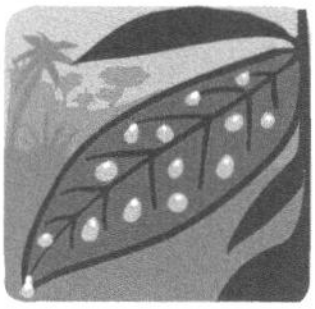

សំណើម

drėgmė

រន្ទះទះ

žaibas

ផ្គរ

griaustinis

ព្យុះ

audra

ព្រិល

kruša

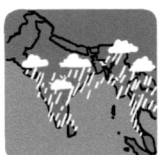

ខ្យល់មូសុង

musonas

ទឹកជំនន់

potvynis

ទឹកកក

ledas

ខែមករា

sausis

ខែកុម្ភៈ

vasaris

ខែមីនា

kovas

ខែមេសា

balandis

ខែឧសភា

gegužė

ខែមិថុនា

birželis

ខែកក្កដា

liepa

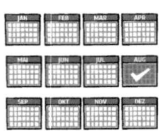

ខែសីហា

rugpjūtis

ខែកញ្ញា
.................
rugsėjis

ខែតុលា
.................
spalis

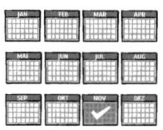

ខែវិច្ឆិកា
.................
lapkritis

ខែធ្នូ
.................
gruodis

## រាង

# formos

រង្វង់
.................
apskritimas

ការ៉េ
.................
kvadratas

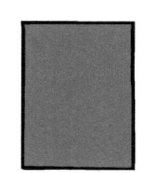

ចតុកោណកែង
.................
stačiakampis

ត្រីកោណ
.................
trikampis

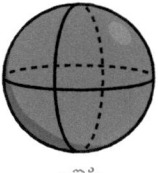

ស្វ៊ែរ
.................
sfera

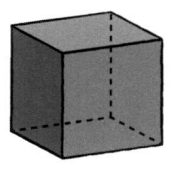

គូប
.................
kubas

ពណ៌ស

balta

ពណ៌លឿង

geltona

ពណ៌ទឹកក្រូច

oranžinė

ពណ៌ផ្កាឈូក

rožinė

ពណ៌ក្រហម

raudona

ពណ៌ស្វាយ

violetinė

ពណ៌ខៀវ

mėlyna

ពណ៌បៃតង

žalia

ពណ៌ទឹកក្រូច

ruda

ពណ៌ប្ររផះ

pilka

ពណ៌ខ្មៅ

juoda

## priešingos reikšmės žodžiai

ចុររើន / តិចតួច

daug / mažai

ខឹង / គួរជាក់ចិត្ត

piktas / ramus

សូរស្សុអាត / អាក្រក់

gražus / bjaurus

ចាប់ផ្តុតើម / បញ្ចប់

pradžia / pabaiga

ធំ / តូច

didelis / mažas

ភ្លឺ / ងងឹត

šviesus / tamsus

ងបុនអូនបុរស / បងបុនអូនស្រី

brolis / sesuo

ស្អាត / កខ្វក់

švarus / purvinas

ពញ្ចលញ្ច / មិនពញ្ចលញ្ច

užbaigtas / neužbaigtas

ថ្ងៃ / យប់

diena / naktis

ស្លាប់ / នៅរស់

miręs / gyvas

ធំទូលាយ / តូចចង្អៀត

platus / siauras

អាចបរិភោគបាន/ មិនអាចបរិភោគបាន

valgomas / nevalgomas

ចិត្តអាក្រក់/ ចិត្តល្អ

piktas / malonus

ការរីករាយ/ អផ្សុក

linksmas / nuobodus

ធាត់/ ស្គម

storas / plonas

ដំបូង/ ចុងក្រោយ

pirmiausia / paskiausia

មិត្តភក្តិ/ សត្រូវ

draugas / priešas

ពេញ/ ទទេ

pilnas / tuščias

រឹង/ ទន់

kietas / minkštas

ធ្ងន់/ ស្រាល

sunkus / lengvas

ភាពអត់ឃ្លាន/ ការស្រេកឃ្លាន

alkis / troškulys

ឈឺ/ មានសុខភាពល្អ

ligotas / sveikas

ខុសច្បាប់/ ត្រូវច្បាប់

nelegalus / legalus

ឆ្លាតវៃ/ ឆ្កួត

protingas / kvailas

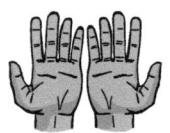

ឆ្វេង/ ស្ដាំ

kairė / dešinė

ជិត/ ឆ្ងាយ

arti / toli

ផ្ទុយគ្នា - priešingos reikšmės žodžiai

ថ្មី / ហានប្ររេ៊
naujas / naudotas

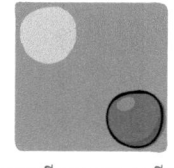

គ្មានអ្រីសទោះ / អ្រីម្ួយ
niekas / kažkas

ចាស់ / ក្មដេ
senas / jaunas

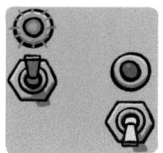

បទេ៊ក / បិ ទ
jjungta / išjungta

បទេ៊ក / បិ ទ
atidaryta / uždaryta

ស្ុងប់ស្ុ ងាត់ / ញខ្លាំង
tylus / garsus

មាន / ក្ុរ
turtingas / vargšas

គ្ុរ្រ / ខ្ស
teisus / neteisus

គ្ុរទេ៊ម / លទោង
šiurkštus / švelnus

ហាកចិត្ុត / សប្ុហាយចិត្ុត
liūdnas / laimingas

ខ្លី / រ្ដែ
trumpas / ilgas

យ្ឺត / លទៀ្ន
lėtas / greitas

សទេ៊ម / ស្ុ ង្ុត
drėgnas / sausas

ក្ុតទៅ / គ្ុរជាក់
šiltas / šaltas

សង្ុរគ្ាម / សន្ុតិភាព
karas / taika

**0**

ស៊ូន្យ

nulis

**1**

មួយ

vienas

**2**

ពីរ

du

**3**

បី

trys

**4**

បួន

keturi

**5**

ប្រាំ

penki

**6**

ប្រាំមួយ

šeši

**7**

ប្រាំពីរ

septyni

**8**

ប្រាំបី

aštuoni

**9**

ប្រាំបួន

devyni

**10**

ដប់

dešimt

**11**

ដប់មួយ

vienuolika

# 12
ដប់ពីរ
dvylika

# 13
ដប់បី
trylika

# 14
ដប់បួន
keturiolika

# 15
ដប់ប្រាំ
penkiolika

# 16
ដប់ប្រាំមួយ
šešiolika

# 17
ដប់ប្រាំពីរ
septyniolika

# 18
ដប់ប្រាំបី
aštuoniolika

# 19
ដប់ប្រាំបួន
devyniolika

# 20
ម្ភៃ
dvidešimt

# 100
រយ
šimtas

# 1.000
ពាន់
tūkstantis

# 1.000.000
លាន
milijonas

អង់គ្លេស

anglų

អង់គ្លេសអាមេរិក

amerikiečių anglų

ចិនកុកង៉

kinų (mandarinų)

ហិណ្ឌូ

hindi

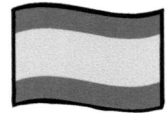

អេស្ប៉ាញ

ispanų

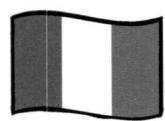

ហារាំង

prancūzų

អារ៉ាប់

arabų

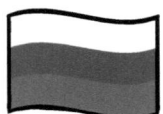

រុស្សី

rusų

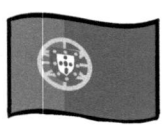

ព័រទុយហ្គាល់

portugalų

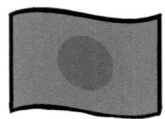

បង់កុលាជស៉ែ

bengalų

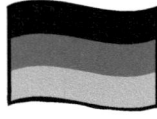

អាល្លឺម៉ង់

vokiečių

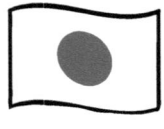

ជប៉ុន

japonų

ខ្ញុំ

aš

អ្នក

tu

គាត់ / នាង / វា

jis / ji

យើង

mes

អ្នក

jūs

ពួកគេហាន

jie

នរណា?

kas?

អ្វី?

ką?

របៀបណា?

kaip?

កន្លែងណា?

kur?

ពេលណា?

kada?

ឈ្មោះ

vardas

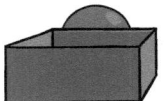

ពីក្រោយ

už

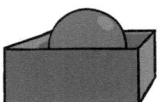

ក្នុង

kur (vieta)

ពីមុខ

priešais

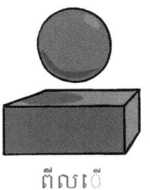

ពីលើ

virš

នៅលើ

ant

នៅក្រោម

po

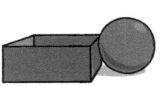

នៅក្បែរ

prie

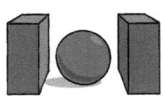

រវាង

tarp

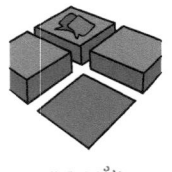

កន្លែង

vieta